대학생을 위한 삶과 글쓰기

대학생을 위한 삶과 글쓰기

초　판 1쇄 발행　2014년 2월 28일
개정판 4쇄 발행　2020년 2월 24일

지은이 | 최재선·강신주·이병순·장미영·송경란
펴낸곳 | (주)태학사
등　록 | 제406-2020-000008호
주　소 | 경기도 파주시 광인사길 223
전　화 | (031)955-7580
전　송 | (031)955-0910
전자우편 | thspub@daum.net
홈페이지 | www.thaehaksa.com

값은 뒤표지에 있습니다.

ISBN 978-89-5966-949-3 93810

개정판

대학생을 위한 삶과 글쓰기

최재선
강신주
이병순
장미영
송경란

태학사

머리말

글쓰기 현장에서

글쓰기에 관한 책이 넘쳐나는 시대이다. 21세기 지식기반 정보화 사회가 도래하면서 실시간으로 쏟아져 나오는 정보를 정리·전달하기 위해서는 글의 힘이 더욱 중요해졌다. 글을 잘 쓰는 능력은 인문학의 영역뿐 아니라 이공계를 망라한 전 학문의 분야에서 요구되는 소양이 되었다. 그래서인지 '글쓰기'에 대한 담론들이 새롭게 조명되고 다양한 형태의 책으로 만들어지고 있다.

그러나 마음처럼 글이 잘 써지는 것이 아니라는 데 우리의 고민이 있다. 이 책은 그러한 고민의 흔적이며 사유의 결과다. 자신의 정서와 사고를 글로 표현하는 일은 매우 논리적이고 이성적인 활동이어서 의욕과 생각만으로는 좋은 결과를 얻을 수 없다. 그렇다면 어떻게 해야 할까. 고봉준령(高峰峻嶺)을 넘기 위해서는 한 걸음마다 흘리는 땀방울이 필요하듯 글을 잘 쓰기 위해서도 부단한 노력이 있어야 한다. 이 책에는 그러한 걸음에 나침반이 되길 바라는 마음이 담겨 있다.

대학의 글쓰기 수업은 작은 전장(戰場)이다. 이제껏 익숙지 않은 마음 열기부터 시작하여 사물과 현상을 비판적으로 바라보게 하고, 이를 글로 표현하기까지 학생과 선생은 보이지 않는 전쟁을 한다. 이론을 알아도 직접 써보지 않으면 전혀 진보가 없는 글쓰기의 현장에서 무딘 사고와 둔한 손끝을 핑계로 미동조차 않으려는 학생들을 백지(白紙)의 전장을 누빌 수 있는 야전 용사로 키우기 위해서는 선생 역시 무혈의 전투 현장에 뛰어들어야 한다.

이 책은 이론이 실제적 경험을 능가할 수 없는 치열한 현장을 생각하면서, 가능하면 학생들이 스스로 글을 쓰고 고쳐보는 수고를 감내하도록 구성했다. 무엇보다 글을 읽고 쓰기 위한 토대가 되는 사고와 성찰의 과정을 소중히 하며 생각하는 힘을 배양할 수 있도록 고려했다.

제1장 글쓰기의 기본은 생각의 창을 활짝 열고 세상을 보는 방법에 대해 고민하게 했으며, 글쓰기의 절차와 올바른 글쓰기에서는 병사가 무기를 다루는 법을 익히듯 기초가 되는 이론들을 정리하고 실습할 수 있게 했다. 제2장 학술적 글쓰기는 대학생이 알아야 할 지식·정보의 요약과 보고서, 논문 쓰기에 중점을 두었으며, 제3장 실용적 글쓰기에서는 미래를 위해 대학 생활 중에 준비해야 할 개인적 글쓰기 훈련을 할 수 있도록 구성했다. 제4장 창조적 글쓰기는 이제껏 연습한 글쓰기의 총합이다. 인문학적 상상력과 이성적, 비판적 글쓰기 훈련을 통해 예리하되 함부로 타인을 위협하지 않는 잘 벼려진 자신만의 무기를 지닐 수 있게 하였다. 할 수만 있다면, 세상이란 치열한 전장에서 병들고 상처받은 이들을 위무할 수 있고, 따뜻하고 의로운 글을 선사할 수 있는 전사들로 훈련되길 기대해 본다.

아무리 신형의 병기가 있다 해도 자기 일에 게으른 병사가 있다면 전쟁에서 승리할 수 없다. 글쓰기 역시 그러할 것이다. 좋은 글을 쓰는 방법을 알고, 중요한 이론을 배웠다 하여도 실제로 글을 쓰는 자기 노력이 없다면 글쓰기의 준령을 넘어설 수 없을 것이다. 그러니 최후의 일보는 배우는 자 스스로 걸어야 할 것이다.

이 책에는 대학에서 학생들과 진심으로 소통하며 그들이 사고의 지평을 확장해 나가는 것을 행복해 하는 소박한 선생들의 마음이 담겨 있다. 그러나 부족함도 많을 것이다. 일필휘지(一筆揮之)로 잘 쓴 글보다 마음을 담아 힘들여 고쳐 쓴 글의 감동이 더하듯 이 책 역시 더욱 다듬어지길 기대해 본다.

2014년 2월

필자 일동

차례

제**1**장

글쓰기의 기본

1. 창의적 사고
2. 비판적 사고
3. 글쓰기 절차
4. 올바른 글쓰기

글을 쉽게, 빠르게 잘 쓰는 비법이 무엇인지 묻지만 사실 그런 비법은 없다. 글을 쓴다는 것은 글쓴이의 상상력과 지적 능력, 사물에 대한 판단력 등이 총망라되는 고차원의 사고능력을 요구하는 활동이다. 글의 목적과 조건에 따라 강조하거나 요구하는 사항은 다 다르다. 그렇기 때문에 글을 잘 쓰기 위해서는 목적과 요구조건에 맞는 다양한 글쓰기 연습과 유연하고 개방적인 사고, 기본적인 어법을 익히는 것이 무엇보다 중요하다.

이 장에서는 글쓰기의 기본이 되는 창의적 사고와 올바른 판단을 위한 비판적 사고, 글쓰기의 절차와 방법을 익힐 수 있도록 구성하였다. 대학생활에서 글쓰기는 피하고 싶다고 피할 수 있는 것이 아니다. 피할 수 없다면 지금부터라도 시작하는 것이 좋다. 차근차근 절차에 따라 생각하고 연습한다면 조금씩 나아지는 것을 확인할 수 있을 것이다.

1. 창의적 사고

1) 창의적 생각 열기

창의성이란 '무엇인가 새로운 것을 실제로 존재하도록 만드는 능력'이다. 기존에 있던 것에 대한 관찰과 통찰을 바탕으로 한 새로운 시각, 우연히 떠오른 생각을 현실화하는 실천력의 결합은 창의성의 핵심 요소이다. 창의성은 기업의 발전을 도모하는 생산 활동일 뿐만 아니라 공동체의 번성, 개인의 생존과도 밀접한 관련이 있다.

〈창의적 아이디어의 생성〉

현대사회에서 요구하는 인재상을 말할 때 첫손 꼽는 조건 중 하나가 창의성이다. 창의성은 저절로 익혀지는 것이 아니기 때문에 그 구체적인 방법이나 내용을 습득하기가 쉽지 않다. 지식을 기반으로 하는 정보화 사회에서 창의성이란 단순히 번득이는 아이디어를 의미하는 것이 아니라 좀 더 포괄적인 의미를 내포하고 있다. 사물에 대한 새로운 시각, 문제를 바라보는 다양한 관점, 기존의 사고를 뒤집는 발상, 이미 존재하는 것들의 새로운 결합 등을 통해 새로운 아이디어를 창출할 수 있다. 창의성의 궁극적인 목표는 문제 해결에 있으므로 다원화 사회에서 발생할 수 있는 문제를 다각도에서 조망하고 다양성을 추구한다.

창의적 발상은 사물에 대한 관찰과 남들과 다른 관점으로 사물을 바라보는 시각으로부터 시작된다. 주체적이되 개방적인 사고를 통해 나와 타인을 인정하고 더 나은 결론을 추구하는 태도는 창의적 사고를 위한 것이자 사회 구성원으로서 갖춰야 할 주요한 덕목이다. 창의적 사고는 좁게는 대학 구성원으로서 학습과 학문 연마를 위해 필요하고, 넓게는 사회구성원으로서 자아실현과 공동체의 원만한 소통과 관계 유지를 위해 함양해야 할 능력 중 하나이다. 사회가 복잡하고 세분될수록 갈등 요인이 증가하고 문제 상황이 빈번하게 발생한다. 이때 문제의 본질을 파악하고 해결하는 과정에서 요구되는 것이 창의적 사고라고 할 수 있다.

창의적 사고는 고정관념, 즉 관습적으로 사물을 바라보는 시각을 깨뜨리고 대상에 대해 깊이 이해하고 관찰하는 것에서 시작되어, 지식을 바탕으로 한 열린 사고를 통해 완성된다. 우리의 삶 전체는 창의적 사고의 터전이 되며, 우리 모두는 서로에게 관찰의 대상이자 지향점이기도 하다.

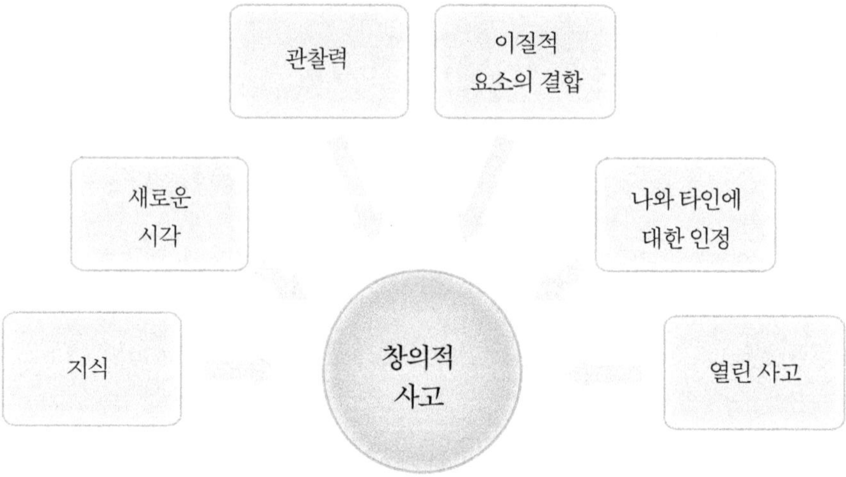

〈창의적 사고의 조건〉

〈창의적 사고의 예〉

구 분	창의적 사고의 조건	창의적 사고의 예
지식	창의적 아이디어는 직관적으로 떠오르기도 하지만 기존의 학습된 지식을 기반으로 창조한 경우도 많다.	▪ 휴대전화 + 사진기 + MP3 = 스마트폰 ▪ ▪
새로운 시각	기존에 있던 사물의 쓰임새를 새로운 관점에서 재해석할 수 있다.	▪ 기존의 가전제품에 가구디자인의 개념을 접목한 빌트인 가전제품 ▪
관찰력	사물의 특성을 관찰하여 전혀 다른 분야에 접목할 수 있다.	▪ 카멜레온의 변신술을 응용한 N사 휴대전화 모프(Morph) ▪
이질적 요소의 결합	이미 각각의 기능을 가진 사물을 결합하여 새로운 물건을 생산할 수 있다.	▪ 물걸레청소기 ▪ 지우개 달린 연필 ▪ ▪
나와 타인에 대한 인정	상대방의 차별화된 상황을 적극적으로 수용하여 나의 요구를 반영할 수 있다.	▪ 키높이 구두 ▪ ▪ ▪
열린 사고	사고의 한계를 깨려는 노력은 혁신으로 이어지고 전혀 예상하지 못한 결과를 창출할 수 있다.	▪ 휴대폰 ▪ ▪ ▪

2) 고정관념 깨뜨리기

고정관념 ➡ 고정관념 극복 ➡ 발상의 전환 ➡ 창의적 사고

(1) 고정관념이란?

고정관념(stereotype)은 한 문화나 사회에서 어떤 사람이나 사물에 대하여 널리 퍼져있는 지식이나 믿음이다. 이 믿음이나 지식 자체가 나쁜 것은 아니다. 고정관념이 사회구성원의 소통을 방해하고 서로 억압할 때 문제가 발생하고 그 사회는 분열된다. 누군가에게 상처가 되거나 폭력이 될 수 있는 고정관념과 편견을 깨는 일은 창의적 사고로 나아가기 위한 선결 과제이다.

사물 혹은 현상에 대해 창의적으로 사고한다는 것은 다르게 본다는 것을 의미한다. 지금까지 늘 그렇게 바라보던 관점이 아닌 새로운 시각으로 사물을 바라보고 판단함으로써 미처 발견하지 못한 대상의 다양한 모습을 찾아내어 세계를 확장하는 것이다. 관습에 사로잡혀 대상을 고정적으로 바라보게 되면 편협한 시각으로 대상을 왜곡하거나 잘못된 판단을 할 수 있다.

창의적 사고는 결국 문제를 적극적으로 해결하고 다양성을 인정하는 사회를 만들기 위한 필수적인 사고능력이다. 고정적인 근거로 판단하고 관습적으로 생각하는 것이 아닌, 사물을 새롭게 바라보는 참신한 시각이야 말로 문제 해결의 핵심이다.

〈고정관념의 생성〉

(2) 고정관념을 극복하는 방법

고정관념은 어느 날 갑자기 생기는 것이 아니라 교육과 사회화 과정 속에서 서서히 축적된 생각들이다. 고정관념은 자기 내부에서 생겨난 경우도 있지만 사회적 통념과 편견, 매스미디어와 같은 외부환경에 의해 영향을 받는 경우가 더 많다. 어떠한 환경에서 생활하느냐에 따라 같은 대상, 상황, 문제라 하더라도 다르게 판단할 수 있다. 중요한 것은 주어진 조건을 극복하려고 얼마나 노력하는가에 따라 고정관념을 탈피할 수도 있고, 고정관념에 사로잡혀 독선적으로 사고할 수도 있다는 점이다.

고정관념을 탈피하고 창의적 사고능력을 기르기 위한 방법은 무엇일까?

첫 번째는 자기 자신에 대한 탐색이다. 나는 얼마나 합리적으로 사고하고 판단할 수 있는 사람인지 점검해 보는 것이다. 내가 성장해 온 배경과 가장 크게 영향을 끼친 사람은 누구인지, 롤모델은 누구인지, 닮고 싶지 않은 사람은 누구인지 등등 자기의 성향과 상황을 파악하고 성찰한다.

두 번째는 입장을 바꿔 생각해 본다. 만약 내 피부색이 지금과 다르다면, 경제적 여건이 다르다면, 성별이 다르다면, 출신 지역이 다르다면, 지적 능력이 다르다면, 신체적 상황이 다르다면 어땠을까 생각해 본다. 상대적으로 열악한 상황에 놓여 있다면 나는 지금과 어떻게 다를까? 다른 사람이 내 상황과 조건에 따라 차별 대우를 한다면 어떤 기분일지 생각해 보면 상대방을 쉽게 판단하거나 폄하하지는 못할 것이다.

세 번째는 반대로 생각해 본다. 지금까지 유리하다고 생각했거나 불리하다고 생각한 것이 있다면 그것의 장점과 단점을 바꿔 생각해 본다. 일상생활 속에서 상식이라고 생각했던 것들이 과연 상식적인 것인지 되물어 생각해 본다.

네 번째로 지금 주체적으로 판단하거나 사고한다고 생각하는 것들이 과연 자신의 생각인지 의심해 본다. 혹시 다른 사람의 시선을 의식한 생각과 행동은 아닌지, 자신이 원하는 것을 잘못 판단하고 있는 것은 아닌지, 과도하게 노출된 매스미디어에 종속적으로 살고 있는 것은 아닌지 다시 확인해 볼 필요가 있다.

이 밖에 다양한 책을 읽고 참신한 아이디어를 가진 사람들의 강연을 들어 보는 것도 좋은 방법이다. 이미 창의적 사고와 열린 사고를 실천하고 있는 사람들의 행동양식을 통해 새로운 아이디어를 떠올릴 수 있다.

(3) 고정관념을 깨고 창의적 사고로

사고능력으로서의 창의력이 문제 해결을 위한 방법이라면, 아이디어 생성을 위한 창의력은 지금까지 없었던 것을 생각해 내거나 이미 있었던 것을 재구성하고 서로 다른 영역의 것을 결합하여 새로운 것을 만들어 내는 작업일 것이다. 대상에 대해 금기시했던 관점을 바꾸고 전형적인 사고를 탈피했을 때 새로운 아이디어가 창출되고 세상을 변화시킬 수 있다.

아래의 그림은 수원에 있는 '해우재'라는 화장실문화관의 전경이다. 이 건물은 변기 모양을 본떠서 만들었는데, 거대한 변기 모양의 문화관을 상상한 사람은 많지 않았을 것이다. 더 나아가 화장실에서 하는 볼일을 문화로 생각하거나 체험학습 공간으로 활용할 수 있다고 생각하고 실천한 사람은 더욱 드물 것이다. 문화콘텐츠에서 체험 공간으로, 수익을 내는 산업으로 확장되어 관광명소가 된 해우재는 창의적 사고가 단순히 사고력에 국한된 것이 아닌, 경제 활동과도 연결될 수 있음을 보여준다. 다른 사람과 다른 사고를 한다는 것은 '안 될 거야', '이것밖에 없어', '다 그렇게 생각해'라는 생각에 대한 도전이다.

연습

1. 자신이 경험한 고정관념과 극복방법에 대한 자료를 모아 보자.

대상	고정관념	이유	입장 바꿔 생각해 보기	고정관념 극복 방법
이주 노동자	후진국 사람이라서 무식할 것이라고 생각함.	TV나 시각적인 선입견에 의함.	피부색깔이나 국적과 같은 조건만 가지고 나를 판단한다면 억울할 것 같다.	나도 누군가에게 상대적으로 열등한 사람으로 보일 수도 있다는 것을 인식하고 편견 없이 바라본다.

2. 자신이 극복한 고정관념에 관한 경험담을 한 편의 글로 완성해 보자.

제목 :		
학과 :	학번 :	성명 :

3) 자유 연상

자유 연상은 글쓰기뿐만 아니라 다양한 분야에서 내용 생성을 위해 가장 보편적으로 사용하는 활동 중 하나이다. 자유 연상은 글쓰기와 상관없이 그 자체로도 중요한데, 이 활동을 통해 창의적인 사고력을 기를 수 있기 때문이다. 자유 연상은 아이디어를 최대한 많이 모으는 데 목적이 있다. 따라서 아이디어를 모을 때에는 그 아이디어에 대하여 별다른 평가를 하지 않는다. 자유 연상은 보통 3분이나 5분, 길게는 10분 정도 하는 활동으로 화제의 선택, 그 화제와 관련된 아이디어의 산출, 검토의 순으로 이루어진다. 자유 연상을 할 때에는 다음과 같은 점에 유의한다.

첫째, 자유 연상을 할 때에는 주제(화제)를 정하고 주제와 관련하여 떠오르는 생각을 즉흥적으로 말하게 한다. 소집단이나 아니면 개인별로 활동할 수 있다.

둘째, 화제 또는 주제를 다룰 때는 일상적이고 일반적인 것에서 구체적이고 전문적인 것으로 옮겨간다. 처음에는 학생들의 일상생활과 관련된 것을 중심으로 하되, 점차 어려운 주제를 택하는 것도 좋다.

셋째, 자유 연상은 각자 아이디어를 떠올리거나 모둠별로 협동하여 아이디어를 떠올리게 하는 방식, 기본 아이디어에 새로운 아이디어를 추가하는 방식이 있다.

넷째, 내용 생성하기를 할 때 단어뿐만 아니라 문장으로 떠올릴 수도 있고, 문단으로 떠올릴 수도 있다. 문자가 아니라 그림이나 이미지를 연상해 낼 수도 있다.

다섯째, 아이디어를 모두 생성했으면 내용 조직하기, 검토하기 과정을 충분히 거치는 것이 좋다. 글의 주제나 목적 등에 맞춰 서로 관련 있는 것끼리 모으기도 하고, 위계가 있는 것이면 위계화하고, 관련이 없는 것은 삭제하여 간결하게 아이디어를 정리해야 한다. 아이디어가 추상적이거나 모호할 경우 구체화하거나 다른 것으로 대체할 수 있도록 해야 한다.

처음 자유 연상을 할 때 간단한 숫자, 모형을 주고 활동을 하게 되면 기존 사물의 고정적 의미와는 다르게 접근하는 시도를 하면서 자연스럽게 아이디어를 생성하는 데에 도움이 된다. 연상하기 방법으로는 브레인스토밍과 마인드맵이 대표적이다.

(1) 브레인스토밍(brain storming)

브레인스토밍이란 '두뇌 폭풍'을 의미한다. 이는 한 가지 문제에 대하여 다양한 아이디어를 생성해 내는 방법으로, 1939년 오스본이라는 사람이 미국의 광고회사에서 시작한 아이디어 발상법이다. 브레인스토밍은 한 주제에 대하여 끊임없이 연상하여, 찾아낼 수 있는 모든 경우를 모으는 것이다.

조 만들기	➡ 논제 제시	➡ 아이디어 취사 선택
• 5~6명씩 조를 짠다. • 사회자와 기록자를 각 1명씩 정한다.	• 아이디어를 모은다. • 짧은 문장 형태로 쓴다. • 질보다 양을 중시한다. • 비판금지	• 아이디어를 쪼갠다. • 아이디어를 결합한다. • 아이디어를 삭제한다. • 뒤집어 생각한다.

〈브레인스토밍의 절차〉

브레인스토밍을 할 때 주의할 점은 기존의 관습에 얽매이지 않는 것이다. '그게 말이 되느냐? 인과성이 없다, 이상하다' 등등 권위나 고정관념을 내세워 비판하거나 평가해서는 안 된다. 될 수 있으면 다양하고 많은 양의 아이디어를 모아 그중 가장 의미 있는 내용과 새로운 발상을 짝지어 공통점을 연결하여 생각을 정리한다.

'봄'에 관한 글을 쓸 경우, '봄'하면 떠오르는 생각을 최대한 많이 모은다. 그중 공통점이 있는 것을 모아 한 편의 글로 완성한다. 예를 들면, 개나리, 진달래, 꽃, 병아리, 새싹, 이름표, 입학식, 눈물, 꽃다발, 사진 찍다, 바람, 꽃샘추위, 시작, 혼자라서 쓸쓸하다, 희망적이다, 새로운 학교에 적응해야 한다, 새 친구를 사귀어야 한다는 두려움, 연애하고 싶다, 설렘, 봄에 첫 사랑 그(그녀)와 헤어졌다 등등 봄과 관련된 자신의 기억 혹은 이미지를 모은다. 이 중에서 연관 있는 것만 남겨둔다.

• '이름표', '입학식', '눈물', '꽃다발'을 가지고 초등학교 입학식 때의 추억과 봄에 관한 글을 완성할 수 있다.

> 1학년 2반 김아름이라고 적힌 빨간 이름표를 가슴에 달고 어색해서 자꾸 뒤를 돌아보며 엄마를 찾았던 그날, 봄이지만 제법 쌀쌀한 바람은 나를 더욱 떨게 만들었다. 엄마는 계속 앞을 보라고 손짓하셨고, 나는 그런 엄마를 자꾸 뒤돌아보았다. 결국 그날의 입학식은 눈물로 얼룩진 얼굴로 노란 프리지어 꽃 한 다발을 가슴에 안고 찍은 사진 한 장 속에 남아 있다. 참 춥고도 두려웠던 그 봄날을 이제 미소 지으며 떠올릴 수 있는 나이가 되었다.

연습

※ '첫사랑'을 글감으로 브레인스토밍을 한 후 한 편의 글로 완성해 보자.

추억	
연상되는 단어 쓰기	
연관어 짝짓기1	
연관어 짝짓기2	
개요 작성	

제목 :		
학과 :	학번 :	성명 :

(2) 마인드맵(mind map)

마인드맵이란 '중심체로부터 사방으로 뻗어 나간다'는 의미를 지닌 방사사고(放射思考, Radiant Thinking)의 표현 방법이다. 마인드맵은 상상과 언어의 연상 작용을 마음속에 지도를 그리듯 글자와 기호와 그림을 사용하여 생각을 표현하고 인식하는 방법이다. 이미지와 핵심단어, 그리고 색과 부호를 사용하여 좌우 뇌의 기능을 유기적으로 연결함으로써 두뇌의 기능을 최대한 발휘할 수 있는 사고력 중심의 두뇌계발 프로그램이다.

중심이미지 그리기 ➡	주가지 그리기 ➡	부가지 그리기
• 주제를 그림으로 그린다. • 그림이 어려우면 핵심단어로 쓴다. • 중심이미지를 3~4색으로 채색한다.	• 중심이미지와 연결하여 주가지를 그린다. • 주가지 위에 핵심단어만 쓴다. • 중심이미지 쪽을 굵게 그린다. • 글씨는 굵게 쓴다.	• 주가지로부터 연결하여 그린다. • 부가지는 단어, 그림, 상징, 기호 모두 허용된다. • 부가지는 생각이 이어지는 대로 가지를 그어 간다.

〈마인드맵의 질자〉

연습

※ '나'를 주제어로 정하여 마인드맵을 작성한 후, 한 편의 글을 완성해 보자.

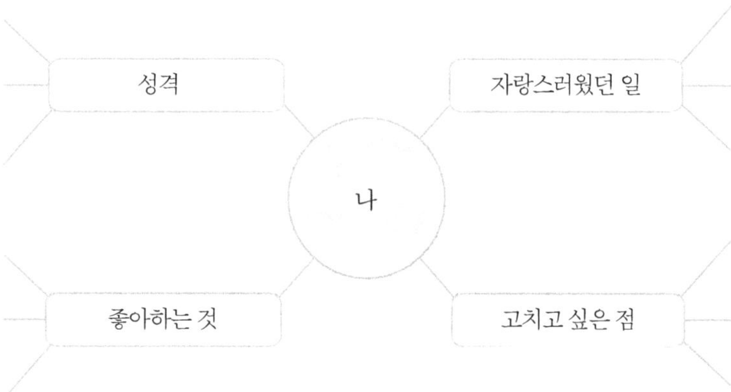

제목 :

학과 : 학번 : 성명 :

2. 비판적 사고

1) 비판이란 무엇인가

비판이란 사물의 옳고 그름을 가리어 판단하거나 밝히는 일이다. 또한 좋고 나쁨을 가리는 일이기도 하다. 우리는 살아가면서 어떤 주장을 받아들이거나 거부해야 할 때가 있다. 그 결정의 순간에 맨 처음 하는 것이 바로 그 주장의 정확한 의미를 파악하는 일이다. 이후 작동하는 것이 바로 비판적 사고이다.

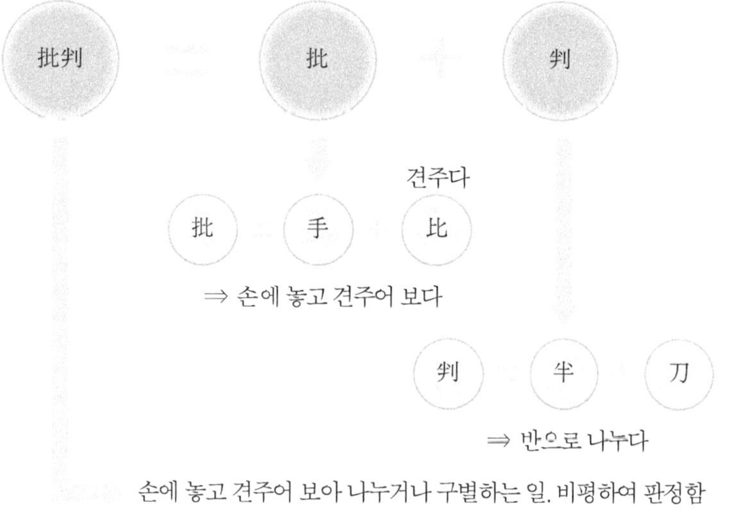

〈비판의 의미〉

'비판'

1. 사물의 옳고 그름을 가리어 판단하거나 밝힘
2. 〈철학〉 사물을 분석하여 각각의 의미와 가치를 인정하고, 전체 의미와의 관계를 분명히 하며, 그 존재의 논리적 기초를 밝히는 일

국립국어원, 『표준국어대사전』 참조

비판적 사고는 어떤 주장이나 대상을 구체적 · 합리적으로 따져보는 행위이다. 이는 주장이나 대상을 무조건 받아들이거나 감정적으로 거부하는 태도와 상반된다. 비판적 사고는 '부정'이나 '반대' 혹은 '거부'를 위함이 아니라, 경험과 추론으로 모인 정보를 평가하는 지적인 과정이다. 글, 사물 혹은 사건, 사람의 좋고 나쁨이나 옳고 그름을 판단하기 위해서는 반드시 어떠한 기준이 필요하다. 우리는 그 기준들을 바탕으로 대상을 분석하고 평가하며 판단한다. 따라서 이 기준들은 우리의 생각들을 걸러 내는 일종의 잣대 혹은 여과장치로 볼 수 있다.

책을 읽거나 영화를 볼 때, 새로운 친구를 만날 때, 맛있는 음식을 먹을 때, 우리는 은연중 비판적으로 사고하고 행동한다. "내용이 재미있다.", "영화가 지루했다.", "음식이 좀 짜다.", "좀 더 매웠으면 좋았을 걸." 등 나름의 기준을 설정한 뒤 그 기준에 맞는지를 확인하고 판단하기 때문이다. 그렇다면 옳고 그름 혹은 좋고 나쁨을 판별하는 기준이란 무엇인가?

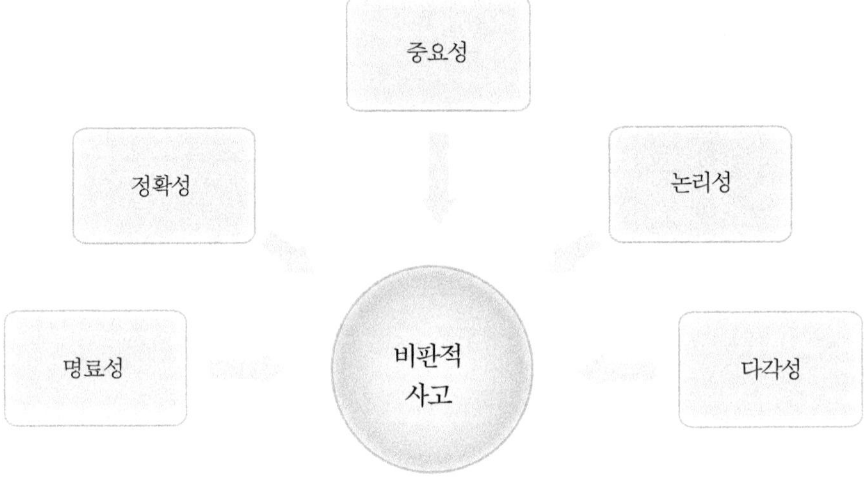

〈비판적 사고의 기준〉

비판적 사고는 명료성, 정확성, 중요성, 논리성, 다각성 등의 기준을 충족하는 사고이어야 한다. 이 문제는 우리의 사고를 평가하고, 그것을 개선하는 일과 관련된다. 우리는 자신의 생각을 엄격하게 검토하고, 필요에 따라 시정할 수도 있다.

〈비판적 사고의 판단 기준〉

구분	판단 기준
명료성	▪ 이 생각이 명료한가? ▪ 이 생각을 상대방에게 뚜렷하게 말하고 있는가?
정확성	▪ 실제로 존재하는 대로 나타내고 있는가? ▪ 생각이나 말이 사실과 일치하는가? ▪ 이 진술이 옳은가?
중요성	▪ 이 생각이 가장 중요한 것에 초점을 맞추고 있는가? ▪ 이 생각이 맥락상 어떻게 중요한가?
논리성	▪ 모든 것이 이치에 닿거나 사리에 맞는가? ▪ 서로 모순되지 않고 일관성을 지니고 있는가?
다각성	▪ 문제를 폭넓게, 다각적으로 고려하고 있는가? ▪ 문제를 심층적으로 다루고 있는가?

비판적 사고는 왜 필요한가? 모든 사람들은 나름의 기준으로 생각하고 판단하지만 대부분 편견을 안고 있다. 사람은 누구나 자신이 살아온 환경, 경험, 교육, 지식 등을 바탕으로 사유하기 때문에 똑같은 상황에 놓여도 생각하는 바는 저마다 다를 수 있다. 자신이 갖고 있는, 자신도 모르는 편견을 불식시키기 위해서는 가장 엄격한 지적 기준을 적용하는 비판적 사고가 필수적으로 요구된다.

비판적 사고는 주어진 문제에 대해 명료성, 정확성, 중요성, 논리성, 다각성 측면에서 꼼꼼히 따져보는 행위이다. 주장이 명료한지, 사실과 부합하는지, 가장 중요한 것에 초점을 두고 있는지, 모순되지 않고 일관적인지, 또 폭넓게 심층적으로 고려하고 있는지 등을 검토해야 한다. 혹시라도 있을지 모르는 다른 가능성이나 생각을 염두에 두면서 문제 해결을 위해 고민해야 한다.

비판적 사고는 우선 주어진 사실, 명제를 의심하는 것으로 시작하여 사실에 대한 숨은 의도, 주장의 근거 분석으로 이어진다. 주장의 목적과 의도는 무엇인지, 핵심 개념은 무엇인지 파악해야 한다. 논리와 감정을 구별하고, 이유와 결론을 재구성해 본다. 또 결론과 뒷받침 근거의 전제들을 확인해 보는 것도 필요하다. 자신의 판단에 오류가 있을 수 있음을 인정하고, 늘 다양한 가능성을 열어 두어야 한다. 이때 취향은 비판적 사고의 대상이 아님을 분명히 알아 두어야 한다.

비판적 사고는 사고의 한계를 뛰어넘어 대안을 제시하는 것이므로, 반성적 사고가 필수적이다. 반성적 사고는 자신의 사고 내용이나 사고 과정, 문제 해결 과정, 그리고 그 결과에 대해 생각하는 사고이다. 자기점검, 자기반성과 유사한 의미를 지니고 있으며 체계적이고 논리적으로 진행된다.

2) 비판적 글 읽기의 방법

비판적 글 읽기는 글 속에 담겨 있는 내용을 토대로 글쓴이의 가치관과 신념을 파악하고 이를 자신의 주장에 비추어 판단하는 독해 활동이다. 일반적인 글 읽기가 글의 내용 이해에 중점을 두는 것이라면, 비판적 글 읽기는 비판적 검토를 통해 글쓴이의 주장에 공감하거나 반박하며 자신의 생각을 명확히 드러낸다.

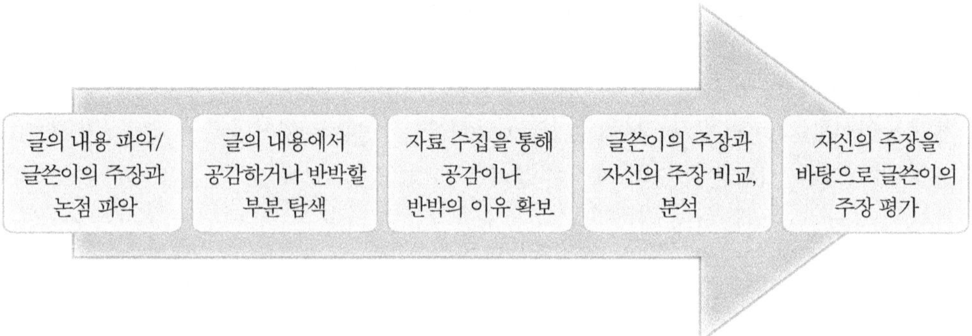

〈비판적 글 읽기 순서〉

비판적 글 읽기는 어떤 방법으로 가능한지 구체적으로 검토해 보자. 우선 글의 내용을 통해 글쓴이의 주장을 분명하게 파악하는 것이 일차적인 작업이다. 글에 나타난 글쓴이의 생각과 주장은 핵심 내용의 요약을 통해 정리해 둔다. 이후 글의 내용에서 공감하거나 반박할 부분이 어디인지 탐색해 보고, 그 이유를 확보해 둔다. 이때 다양한 자료를 수집하여 객관적이고 적절한 근거를 동원하는 것이 중요하다. 공감 혹은 반박의 근거를 바탕으로 자신의 주장을 수립하고, 이를 글쓴이의 주장과 비교, 분석한 후 저자의 주장을 평가한다.

연습

※ 다음 글을 읽고, 질문에 대답해 보자.

전국적으로 연일 발생하고 있는 청소년들의 범죄와 폭력 현장 장면은 그 한계점을 넘어 끔찍한 일이 아닐 수 없다. 초등학생을 유괴해 살인한 뒤 시신을 훼손한 혐의로 구속기소된 10대 학생들이 법정최고형을 선고받았다. 도저히 믿기지 않은 반인륜적 폭행으로 우려를 금할 수 없다.

가정과 학교 그리고 사법기관과 사회구성원 모두가 총체적으로 청소년들의 비행과 학교폭력 추방을 예방하는 방법을 고민하고 제 역할을 하는 사전 조치가 있어야 한다. 그렇다면 날로 지능적이고 흉포화 하는 청소년 범죄를 어떻게 다룰 것인가. 현재 우리나라 형법 제9조에 의하면 만14세 미만자는 형사처벌을 할 수 없도록 규정하고 있다.

만 10세 이상 19세 미만 소년범죄는 형법상 특별법으로 소년법을 적용한다. 인천초등학생 살인사건이나 부산 여중생 폭행사건이 소년법이 적용되면 아무리 흉악한 범죄라도 양형에 일정한 제한이 따르게 되면서 일반 성인 범죄보다 유리하게 법이 적용되는 것이다. 이로 인해 소년법을 개정, 폐지해야 한다는 국민들의 여론도 있고 유지하자는 목소리도 있다. 성인 범죄와 같이 처벌하는 것이 바람직한가에 대하여 심도있게 접근해야 한다.

소년법의 목적은 소년법 제1조에 규정되어 있다. 소년법은 반사회성 소년을 교정하고 건전한 사회인으로 성장하는 것을 돕는 것이 목적이다. 다시 말해 범죄 청소년들의 건전한 성장을 돕기 위해 제정된 소년법을 폐지한다는 것은 우리 사회가 청소년보호에 관심을 두지 않겠다는 것이다. 그러나 점점 흉기를 들고 집단으로 잔혹해지고 있는 소년범죄에 대하여 현재의 법 규정을 그대로 유지하는 것이 바람직하지 않다는 것이 국민들의 정서다. 현재의 범죄 양상이 잔혹하고 피해가 너무나 크기 때문이다.

필자는 청소년 범죄와 폭력을 예방하고 근절하기 위해서는 소년법을 폐지하는 극단적인 처방보다는 현실에 맞게 소년법을 개정하는 등 제도적 방안이 강구돼야 할 것으로 본다. 일단 현행 형법과 소년법이 청소년 범죄를 사전에 예방하는 데 걸림돌이 된다면 미성년자 나이를 만14세 미만에서 12세로 낮추거나 소년법 적용대상인 소년의 나이도 만19세에서 만17세로 낮추는 방법을 생각해 볼 수 있다. 그리고 살인이나 강간, 특수폭행 등의 강력범죄의 경우 소년법 적용을 제외해 일반 형법으로 처벌하는 특별법으로 재범을 예방할 수 있다. 또한 피해자의 보호를 위해서 재범예방기능도 강화할 필요가 있다. 청소년범죄의 처벌수위를 높이는 것만이 능사가 아니다. 청소년문제를 면밀하게 보지 못한 가정과 학교, 사회가 청소년들에게 할 바를 다했는지 청소년지도자로서 책임을 통감한다.

–이생배, 「청소년 범죄와 소년법」, 『전남일보』, 2017. 10. 16.

1) 앞의 내용을 요약해 보자.

2) 앞 글에서 밝힌 주장의 근거를 정리해 보자.

3) 앞 글에 대한 자신의 입장과 그 근거를 요약하여 서술해 보자.

4) 3)을 바탕으로 앞 글에 대한 자신의 주장을 4문단 이상의 글로 써 보자.

제목 :		
학과 :	학번 :	성명 :

반대 입장

(상략)

최근 '소년법'과 관련하여 한국사회에서 일어났던 일련의 사건들은 '청소년'이 가진 권력적 성격을 여과 없이 보여주었다. 청소년에 의한 강력범죄인 '인천 초등생 살인사건'과 '부산 여중생 폭행사건'이 연이어 발생하자 27만 명이 넘는 국민들이 청와대에 '소년법'의 폐지를 청원했다. 여론이 악화되자 국회의원들도 기민하게 움직였다. 평소 청소년 문제에 관심을 보이지 않았던 이들이 너도나도 '소년법' 관련 개정안을 제출하기 시작했고 그 수는 무려 17건에 달한다. 지금까지 이처럼 짧은 기간에 유사한 의원입법이 다수 발의된 사례는 없었던 것으로 기억한다.

하지만 법적안정성이 매우 중요한 형사법에 대한 개정안이 사건 발생 한 달도 되지 않아 쏟아져 나오는 것이 결코 바람직한 일은 아니다. 게다가 여론에 편승하기 위한 포퓰리즘식 법률 개정은 더더욱 그렇다. 이들 국회의원의 법안발의를 포퓰리즘으로 보는 것은 개정안의 필요성은 논외로 하더라도 통과될 가능성 자체가 극히 낮기 때문이다. 통과되지도 못할 개정안을 국회의원들이 너도나도 제출했다는 것은 인기영합주의 아니면 무지의 산물일 것이다. 청와대도 부산여중생 폭행사건 발생 한 달여 후 '소년법' 개정에 대한 부정적 입장을 발표한 바 있다.

청소년이 개입된 일련의 사건과 관련하여 제출된 법안들은 크게 「특정강력범죄의 처벌에 관한 특례법」(이하 '특강법')과 '형법'의 형사미성년자 조항 그리고 '소년법'이다. 특강법 개정안은 기존 미성년자에게 20년을 넘는 유기징역을 선고하지 못하도록 했던 것을 사형과 무기징역의 선고가 가능하도록 개정하자는 것이다. 그런데 한국이 가입한 유엔 아동권리협약 제37조 가항은 '18세 미만 아동이 범한 범죄에 대하여 사형 또는 석방의 가능성이 없는 종신형을 부과해서는 안 된다'고 규정한다. 미성년자에게도 사형과 무기징역을 선고할 수 있도록 특강법을 개정하기 위해서는 유엔 아동권리협약을 탈퇴해야 한다. 이에 더해 한국은 1997년 이후 사형을 집행하지 않아 국제사회에서 실질적 사형제 폐지국가로 분류되고 있다. 문재인 대통령 역시 후보 시절 사형제 폐지를 공약으로 내세웠다. 실질적 사형제 폐지를 넘어 형법의 사형조항 자체를 삭제하겠다는 것이었다. 국제협약과 대통령의 정책을 무시하지 않는 한 특강법의 개정은 불가능하다.

현재 형사미성년자는 만 14세로 만13세까지는 범죄를 저질러도 처벌할 수 없다. 형사미성년자 규정을 개정하겠다는 이들은 이를 낮추겠다는 주장이다. 그러나 이 역시 개정될 가능성은 거의 없다. 유엔 아동권리위원회는 아동권리협약을 보충하는 성격의 일반논평을 채택해오고 있다. 제44차 회기에서 채택된 일반논평 제10호는 '청소년 사법에서의 아동의 권리'를 규정하고 있다. 일반논평 제10호 para 32.은 회원국들에게 형사책임 최저연령(MACR)을 12세 이상으로 규정할 것을 권고한다. 한국은 13세이니 형사책임 최저 연령은 충족하고 있다. 더 나아가 권고수준인 12세로 낮출 여지도 있다. 하지만 para 33.은 형사책임 최저연령이 권고안보다 높은 국가들은 본 권고안을 이유로 낮추지 말도록 규정한다. 12세는 최저 수준이고 기왕의 기준이 12세보다 높다면 그 수준을 유지하거나 더 높이라는 것이다. 결국 13세, 즉 14세 미만으로 현행 형사미성년자 연령을 낮추겠다는 개정안 역시 국제기준에 부합하지 않게 된다.

마지막으로 '소년법' 자체에 대해서는 현행 18세인 적용연령을 낮추자는 것과 처분을 강화하자는 내용이 주를 이룬다. 개중에는 소년법 자체를 폐지하자는 주장까지도 있다. 그러나 앞서 언급한 유엔 아동위원회 일반논평 제10호 para 24.는 '당사국은 적절하고 바람직한 경우, 형사피의자나 형사피고인, 유죄로 인정받은 아동을 사법절차에 의존하지 않고 다루기 위한 조치를 추진하는 방안을 강구해야 한다'고 규정한다. 범죄를 저지른 아동을 위한 비사법적 구제절차를 마련하라는 것으로 한국의 소년법이 여기에 해당한다. 굳이 국제규범까지 살펴보지 않더라도 민주주의가 이루어지고 있는 모든 국가는 미성년자에 대한 비사접적 구제제도를 마련하고 있다. 때문에 '소년법'을 폐지하자는 주장은 검토할 필요도 없을 것이다.

소년법 적용연령을 낮추자는 주장은 대한민국 법 규정 전반에 걸쳐 검토되어야 할 부분이다. 소년법 적용연령은 18세으로 '민법'상 미성년과 동일하다. '민법'이 만 19세부터 성인으로 규정한 것은 만 19세가 되어야 하나의 인격체로서 법적 권리를 온전히 행사할 수 있다고 판단했기 때문이다. '소년법'이 적용 대상을 만 18세까지로 설정한 것 역시 만 19세는 되어야 형법상 처벌을 온전히 받을 책임능력이 된다고 판단했기 때문이다. 즉, '소년법' 적용대상 연령이나 '민법'상 성년 연령 모두 어느 시점부터 하나의 성숙한 인격적 주체로 인정할지의 문제인 것이다. 때문에 소년법 적용 연령을 낮추자는 주장은 성인으로 인정해주는 연령을 낮추자는 주장으로 '민법' 등 성년을 규정한 모든 법률과 연계하여 검토되어야 한다. 심지어 '공직선거법'은 선거권을 19세부터 부여하고 있다.

현대 민주주의 핵심적 가치는 법치주의다. 법은 사회구성원들이 지켜야할 약속이다. 현대 국가체제의 이론적 기틀을 제공한 사회계약론은 국가란 구성원들 간의 계약을 통해 만들어졌다고 주장한다. 국가를 형성했다는 계약 역시 사회적 약속, 즉 법이다. 국가가 운영되기 위해 필요한 약속은 개인 간 물건을 사고 팔며 체결하는 단순한 계약이 아니다. 매우 복잡하고 광범위하다. 우리 법은 국민이 국가의 법체계를 이해하기 위해서는 최소한 18년 이상은 걸린다고 보는 것이다. 약속을 어겼다면 그에 따른 제재를 받는 것은 당연하다. 그러나 약속이 무엇인지 알고 어겼다는 전제가 성립되어야 한다. 아직 약속이 무엇인지 모르는 이에게 약속을 어겼다며 제재를 가할 수는 없을 것이다. 의무를 알아야 책임을 물을 수 있는 것이다. 미성년자의 범법행위를 특별히 대하는 것에는 다양한 이유가 있지만 그들이 아직 책임을 질 수 있는 능력이 없다는 것이 가장 핵심적 이유다.

(하략)

-김광민, 「소년법은 '청소년들을 봐주자'는 것이 아니다」, 『오마이뉴스』, 2017. 11. 3.

3. 글쓰기 절차

주제 설정 ➡ 자료 수집·정리 ➡ 개요 작성 ➡ 집필 ➡ 퇴고

1) 주제 정하기

주제란 글의 '중심사상'으로 글쓴이의 의도, 동기가 포함되어 있으며 글쓰기의 출발점이다. 주제가 결정되어야 글의 형식, 방향, 자료 등을 정리하여 쓸 수 있다. 주제는 '무엇'에 관해 쓸 것인가 하는 큰 범주의 가주제에서 글쓴이의 태도가 반영된 참주제를 주제문으로 작성하면 완료된다.

(1) 가주제와 참주제

① 가주제

화제(topic), 제재(subject matter)라고도 한다. 포괄적이고 막연한 것으로 '무엇'에 관해 쓸 것인가 하는 넓은 주제이다. '사랑', '도서관', '삶', '반려동물', '유행', '게임', '라면' ……

② 참주제

글쓴이의 태도·관점에 따라 구체적이고 세부적으로 한정된 주제이다. 글의 핵심적인 내용으로 중심사상(main idea), 주제(theme)라고 한다. '남녀 간의 사랑', '도서관 환경', '봉사하는 삶', '정서 안정에 도움이 되는 반려동물', '아이돌 스타와 유행', '게임 중독', '라면을 맛있게 끓이는 방법'……

③ 주제 설정 기준

- 글을 쓰는 목적에 적합한 주제를 선택한다.
- 글을 쓰는 사람이 잘 아는 분야나 관심을 가지고 있는 것이 좋다.
- 읽는 사람의 흥미와 관심을 끌 수 있어야 한다.
- 발표지면 분량에 맞는 주제여야 한다.
- 주제에 대한 분명한 입장이나 의견이 있어야 한다.

④ 주제문 만드는 방법

주제문이란 글쓴이의 입장, 신념, 태도 등이 드러난 주제를 하나의 문장으로 표현한 것이다. 주제문 작성은 글의 일관성과 통일성을 유지하기 위한 지표와 같다.

- 주제문은 완전한 문장의 형태로 써야 한다.
  예 '도서관 환경은 학생들이 독서에 집중할 수 있는 방향으로 개선되어야 한다.'
  '게임 중독은 사회문제이므로 개인의 개선 노력과 제도적 대책 마련이 시급하다.'
  '라면의 맛은 물의 양, 온도, 끓이는 시간이 좌우한다.'
- 의문문 형태는 피한다.
  예 '무한경쟁시대에 타인을 배려한다는 것이 가능한가?'
  ⇒ '무한경쟁시대에 타인과의 원만한 관계는 배려를 통해 유지할 수 있다.'
- 서로 다른 주제를 둘 이상 함께 쓰지 않는다.
  예 '과학 발달은 과학기술의 혁신을 추구하고, 과학자의 윤리가 중요하다.'
  ⇒ '과학 발달은 과학자의 윤리의식을 토대로 한 과학기술 혁신을 의미한다.'
- 글의 내용 안에서 근거에 의해 증명될 수 있어야 한다.
- 필자의 의견이나 태도가 분명히 드러나야 한다.
- 비유적 표현은 피한다.
- 한 문장 안에서 모순되는 표현은 피한다.
  예 '셧다운제는 청소년의 게임중독을 막고, 건강을 위해 폐지해야 하지만 산업적 측면에서 보자면 시행해야 한다.'
  ⇒ '강제적 셧다운제는 실효성이 낮기 때문에 재고해야 한다.'
- 범위를 한정하여 쓴다.

연습

※ 게임 중독, 유기견, 소외, 유행 등의 주제어를 중심으로 다음을 작성해 보자.

(1) 원인, 이유, 근거를 찾아서 이를 바탕으로 주제문을 써 보자.

• 게임 중독의 원인이 무엇인지를 찾아보자.

원인

주제문

• 유기견이 많이 발생하는 이유를 찾아보자.

이유

주제문

(2) 다음 질문에 대한 자신의 생각을 정리한 후 주제문을 써 보자.

• 현대인은 왜 소외를 느끼는가?

이유

주제문

• 왜 유행을 따르는 것이 문제가 되는가?

이유

주제문

2) 자료의 수집과 정리

(1) 자료 수집의 필요성

주제가 정해지고, 거기에 따라 주제문을 작성했으면, 주제를 효과적으로 드러낼 수 있는 자료를 모아야 한다. 미리 자료를 수집하고 분석해 놓음으로써 논거를 확보해야 한다. 집필을 하기 전에 주제와 관련하여 충분한 자료를 확보하게 되면 글의 완성도를 높일 수 있다. 자료는 쓰고자 하는 대상에 대한 경험, 기억, 관찰, 대화, 독서, 상상 등 여러 가지 방법을 통해 수집할 수 있다. 따라서 평소 주의 깊은 관찰과 사색, 폭넓은 독서를 통해 필요한 것을 메모해 두는 습관이 필요하다. 다음은 활용 가능한 자료의 예이다.

- 보편적 진리
- 통계나 보도 자료
- 학설, 속담, 격언
- 권위자의 견해
- 주제관련 영상물
- 용어의 개념
- 대상의 분류, 본질이나 특성
- 체험담, 우화, 소설, 역사적인 사건
- 다른 것과의 공통점, 차이점

글을 처음 쓸 때는 주제를 작게 설정하고, 평소 자신이 잘 알고 있거나 관심이 있었던 것을 중심으로 써 본다. 자신이 선택한 주제와 관련된 영역에서 '어떤 화제를 다루고 있는가? 최근 가장 핵심적인 쟁점은 무엇인가? 자신과 관련이 있는가?' 등을 생각해 보고 정보와 자료를 정리한다.

(2) 자료 수집 단계

자유 연상하기

주제에 초점을 맞추고 약 10분간 시간을 정하여 관련되는 내용을 생각나는 대로 멈추지 않고 계속 적어 본다.

⬇

목록 작성하기

주제와 관련되는 자료들을 생각나는 대로 쓰되, 메모식으로 쓴다.
메모한 자료를 중심으로 주제 관련성의 긴밀도를 확인한 후 수정과 삭제를 한다.

⬇

질문하기

논제에 대해서 질문표를 만들어 본다. 예컨대, 주제는 무엇으로 나눌 수 있는가? 주제와 관련하여 자신의 의견은 무엇인가? 등의 질문에 답하는 방식이다. 이러한 물음은 글의 명료성과 통일성을 부여하는 데에도 도움을 준다.

↓

연관 짓기

주제를 종이의 한가운데에 쓰고, 이와 관련하여 떠오르는 생각을 연결 짓는 방법이다. 논제와 직접 관련이 없거나 논제를 벗어난 생각은 지워가면서 자신의 생각을 정리한다.

수집된 자료는 주제별로 정리한다. 이때 중요한 것은 자료가 주제와 어느 정도의 관련성이 있느냐에 따라서 과감히 버릴 것은 버려야 한다는 점이다. 자료를 취사선택할 때에는 다음의 기준에 맞는지 살펴보면 유용한지 알 수 있다.

자료의 취사 선택 기준

- 주제를 뒷받침할 수 있는 것
- 근거가 확실한 것
- 독자의 관심을 끌 수 있는 것
- 글의 목적에 부합하는 것

위의 조건에 맞는 자료는 몇 개의 항목으로 나누어 체계적으로 정리한다. 이때에 중요한 것은 내용이나 성격이 비슷한 것끼리 묶는 일이다.

① 사이버 정보관 이용

자료 수집 방법은 다양하지만 가장 기본적인 것은 사이버 도서관 자료를 검색하는 것이다. 학교 도서관은 물론 국립중앙도서관, 국회도서관 등에서 간단한 회원가입만으로도 자료를 검색하고 활용하는 데 도움을 받을 수 있다. 다음은 국립 중앙도서관 자료 검색 화면이다.

국립중앙도서관
THE NATIONAL LIBRARY OF KOREA
로그인 회원가입 내서재 사이트맵 ENGLISH 홈페이지내 검색 검색
도서관이용 교육.견학.봉사 행사소식 공개자료 참여마당 도서관소개
국립중앙도서관 소장자료검색
전시/행사 안내
도서관 생생 현장
발간자료 소개
국립중앙도서관 통합검색 dibrary 디브러리
통합검색
소장자료검색 신착자료 온라인자료 해외수집기록물

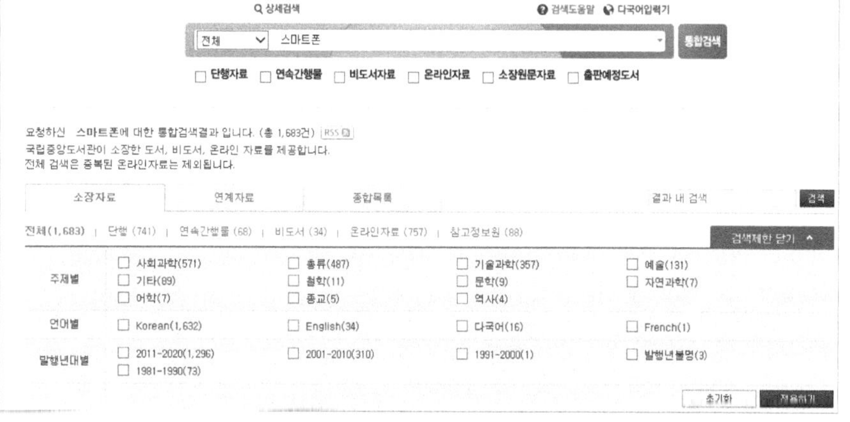
상세검색
검색도움말 다국어입력기
전체 스마트폰 통합검색
단행자료 연속간행물 비도서자료 온라인자료 소장원문자료 출판예정도서
소장자료 연계자료 통합목록
주제별 사회과학(571) 총류(487) 기술과학(357) 예술(131) 기타(89) 철학(11) 문학(9) 자연과학(7) 어학(7) 종교(5) 역사(4)
언어별 Korean(1,632) English(34) 다국어(16) French(1)
발행년대별 2011-2020(1,296) 2001-2010(310) 1991-2000(1) 발행년불명(3) 1981-1990(73)

1. (꽥 박사의 4차원) 스마트폰
2. 스마트폰 시장/기술 및 연관산업(OS, App. Market) 동향 리포드
3. 스마트채널 : N-Device 환경의 인증, 지불, 전자서명을 위한 스마트폰 트랜잭션 처리 기법

〈사이버도서관 이용 방법〉

② 자료 목록 만들기

도서관에서 주제 관련 입문서, 개론서 등 문헌 자료의 저자, 서명을 찾은 후 컴퓨터를 이용하여 인터넷 정보를 수집하고, 신문 또는 전문잡지를 이용하여 1차 자료의 목록을 만들어 본다. 각 자료는 저자 이름, 책 제목, 출판사 이름, 발행연도(연월일)순으로 메모한다.

③ 글의 주제, 목적을 문장으로 써보기(20자 정도)

④ 글의 내용에 대한 설명, 주장, 증명, 근거와 2W(what, why), 1H(how)를 주제별로 분류하여 정리하기

⑤ '가제목' 붙이기

(3) 자료 분석

① 자료 분석은 문장의 형태로 기록한다.
② 자료 수집과 분석, 저장이 동시에 이루어지도록 문서로 만든다.
③ 자료 읽기 : 배경 읽기(서론, 목차 등), 속독하기(훑어보기, 목적을 생각하며 관련 부분 표시하기 등), 구분해서 읽기(의문, 동의 여부, 원인·결과 부분 표시, 자신의 감상 첨가), 추가 조사 부분 검토, 정독하며 분석하기
④ 메모하기 : 요약·인용 부분, 자료 내용에 관한 코멘트, 저자, 책 제목, 글 제목, 페이지 등 서지사항을 꼼꼼하게 정리한다.
⑤ 메모를 항목별로 묶어 정리한다.
⑥ 각 자료의 제목을 정한다.
⑦ 주제와 목적 확인하기 : 본인이 쓸 글의 주제와 자료가 일치하는지 확인하고, 집필에 활용할 것인지 폐기할 것인지 결정한다.

연습

※ 자신이 쓸 글감의 자료 목록을 절차에 따라 작성해 보자.

저자	자료명	출처 (출판사, 발행연도, 쪽수 등)	비고
			저서, 동영상, 신문·잡지기사, 논문, 단행본, 인터넷 사이트, 인터뷰 등

3) 개요 작성

주제와 주제문을 정하고 자료를 수집·정리하였다면 다음으로 글의 구성 방법을 생각해야 한다. 전체 글의 내용을 항목화하여 글의 일관성과 통일성을 유지할 수 있는 뼈대를 세워야 한다. 개요란 글을 쓰기 전에 미리 만들어 놓는 글의 전체적 얼개·윤곽으로, 글을 쓰기 전에 글을 어떻게 구성할 것인가를 생각해 놓은 것이다. 글의 개요는 집의 설계도와 같으므로 개요를 잘 작성하면 글 전체의 뼈대를 한눈에 파악할 수 있다.

개요를 작성하지 않고 머릿속에서만 구상하여 글을 쓰면, 글의 흐름이 뒤죽박죽되기 쉽고 자신의 의도와는 달리 글이 글을 따라가는 식으로 되기 쉽다. 따라서 개요 작성은 무엇보다도 글을 체계적으로 서술하기 위해 꼭 필요하다. 간단하게 글의 순서를 메모하고, 어떤 내용을 포함할 것인지 구상한 후 화제 개요와 문장 개요를 작성한다. 처음부터 완성적인 개요 작성을 하기는 어렵다. 처음에는 단어, 구, 문장 형태로 작성한 뒤 차차 완성적인 개요를 작성하면 된다.

(1) 개요의 예

① 화제 개요의 예

주제문	반려동물을 키울 때 주민들과 소통을 해서 타인에게 주는 피해를 최소화해야 한다.
서 론	반려동물을 키울 때 이웃에 대한 고려가 없어서 갈등 증가 추세
본 론	I. 반려동물과 인간의 유대 관계 II. 반려동물 키우는 것의 문제점 1. 털, 악취 등으로 인한 위생문제 발생 2. 소음, 공포감 조성 등으로 인한 주민 마찰 발생 III. 해결 방안 1. 지자체 조례 제정 2. 주민과의 합의체 마련 (이웃 간 소통)
결 론	반려동물을 키울 때 개인적 기호만 내세우지 말고, 다른 사람들과의 원만한 합의를 통해 피해 최소화

② 문장 개요 예

주제문	반려동물을 키울 때 주민들과 소통을 해 타인에게 주는 피해를 최소화할 수 있도록 해야 한다.
서 론	핵가족과 1인 가족이 증가함에 따라 반려동물을 키우는 세대가 많아지고, 이로 인해 이웃과의 마찰이 증가하고 있다.
본 론	I. 반려동물과 인간 사이의 유대감이 형성되어 정서 안정에 도움이 된다. II. 반려동물 키우는 것의 문제점 1. 털, 악취 등으로 위생문제가 발생하고 있다. 2. 소음, 공포감 조성으로 인한 갈등은 사회적 문제로 비화되고 있다. III. 해결 방안 1. 제도적으로 조례를 만들어 합의점을 찾아야 한다. 2. 이웃 간 소통으로 주민 합의체를 마련한다.
결 론	개인적 기호만 내세우는 것이 아니라 제도를 마련하고, 이웃과 원만한 합의를 통해 갈등을 최소화해야 한다.

(2) 개요 작성 시 고려할 점

① 반드시 개요를 작성하고, 가능하면 문장 개요를 작성한다.

개요 없이 글을 쓰는 것은 설계도 없이 고층 건물을 짓겠다는 것과 마찬가지이다. 타인을 설득하는 위해서는 면밀한 계획이 필요하기 때문에 이에 맞는 개요를 작성해야 한다.

② 문단 배치만이 아니라 분량까지 계획한다.

개요를 작성할 때, 전체 문단을 어떻게 배치할 것인가, 또 각 문단에서 내용을 어떻게 구성할 것인가를 구상하는 것은 기본이다. 글 전체의 흐름을 염두에 두고 각 항목에 맞는 분량을 계산한다.

③ 상투적인 문단 구성에서 벗어난다.

문단 구성의 기본은 삼단 구성이지만 모든 글을 서론-본론-결론에 맞추어 쓸 필요는 없다. 글의 구성은 탄력적으로 선택한다.

연습

※ 수업 중에 선택한 주제를 바탕으로 주제문, 화제 개요와 문장 개요를 작성해 보자.

주제문
화제 개요
문장 개요

4) 집필

글쓰기에 관한 구상을 마쳤다면 실제로 글을 작성한다. 구상과 집필은 차이가 날 수 있다. 자신의 생각을 적절하게 표현할 수 있는 기술은 실제 연습을 통해서만 향상된다는 점을 기억하고, 처음부터 무리한 욕심을 내기보다는 부족한 부분을 개선한다는 마음으로 차근차근 글을 쓴다. 전체 글의 구성과 주요 내용은 다음을 참조하여 쓴다.

〈서론 – 본론 – 결론의 주요 내용〉

구분	구성		주요 내용
서론	도입과 문제 제기		▪ 글을 쓰는 동기(필요성)와 목적 ▪ 주제 제시: 문제 제기 ▪ 주제 범위와 기술 방향/방법 등에 대한 개요
본론	문제 해결 방안 제시	본론 1	▪ 배경 및 기존 연구요약 ▪ 문제점에 대한 분석
		본론 2	▪ 여러 해결 방안 제시 ▪ 분석, 예시, 인용, 실험자료, 통계 제시 ▪ 예상 반론과 해결 방안에 대한 장단점 제시
		본론 3	▪ 해결 방안에 대한 입증/검증 ▪ 해결 방안의 구체화와 유효성 ▪ 검증 자료 제시
결론	주제 재확인 및 제안		▪ 본론의 요약 정리 ▪ 주요 핵심 해결 사항 정리 ▪ 새로운 과제에 대한 방향 제시와 전망

5) 퇴고

글을 쓰는 전 과정에서 글쓴이는 끊임없이 자신의 글을 평가하고 그 결과를 반영해야 한다. 글을 다 쓴 후에도 고쳐 쓰기를 해야 하는데 '퇴고하기'에서는 부가와 삭제, 재구성의 원리를 따른다. 한 편의 글을 완성하기란 생각보다 어려운 일이다. 다 쓴 글은 소리 내서 읽어 보고 쓰는 동안 놓치거나 부족한 부분을 다듬어야 한다. 글을 쓰고 있는 동안에는 자신의 생각에 빠져 있어서 글의 오류가 잘 보이지 않는다. 초고가 완성되었다면 몇 가지 항목으로 나누어 점검하고 다듬어 본다. 퇴고할 때 구체적으로 검토할 사항은 다음과 같다.

퇴고 점검 사항	체크
제목이 적절한가?	
주제가 명료하게 드러나 있는가?	
주제문 이외의 다른 부분들이 효과적으로 주제문을 뒷받침해 주고 있는가?	
논지가 구체적으로 드러나 있는가?	
각 단락은 제 역할을 하고 있는가?	
본론이 배열되어 있는 순서는 적절한가?	
논리적 순서가 잘못되어 있지 않은가?	
각 단락의 길이는 적절한가?	
단락과 단락을 연결하는 접속어가 논리적 맥락에 맞게 사용되고 있는가?	
단락 간의 균형이 맞는가?	
본론에 쓴 예나 근거가 적절한가?	
각 문단은 중심 문장과 뒷받침 문장으로 잘 구성되어 있는가?	
각 문장은 어법에 맞는가?	
각 문장이 뜻하는 바가 분명한가?	
맞춤법과 문장 부호를 제대로 사용했는가?	

4. 올바른 글쓰기

1) 한글 맞춤법 규정

한글 맞춤법을 배우고 익히는 것은 사회적 약속으로서 정확한 의사소통의 출발점이다. 글을 쓰는 사람마다 자기 위주로 맞춤법을 쓴다면 읽는 사람과 정확한 의사소통을 할 수 없다. 이것은 개인의 문제에 국한되는 것이 아니라 문화의 축적과 전수 차원에서도 심각한 문제를 일으킬 수 있다. 그러므로 평상시 정확한 표기법을 익히는 것은 글쓰기의 기본이라고 할 수 있다.

(1) 한글 맞춤법의 구성

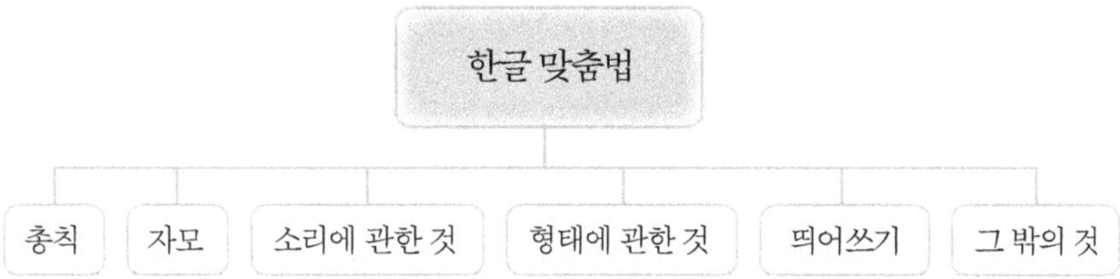

한글 맞춤법의 원리는 총칙에 나타난 바를 바탕으로 각 항목별 규정에 따른다. 이와 관련한 구체적인 내용은 국립국어원 홈페이지(http://www.korean.go.kr/ 09_new/index.jsp)를 통해 확인할 수 있다.

총칙	▪ 제1항 한글 맞춤법은 표준어를 소리대로 적되, 어법에 맞도록 함을 원칙으로 한다. ▪ 제2항 문장의 각 단어는 띄어 씀을 원칙으로 한다. ▪ 제3항 외래어는 '외래어 표기법'에 따라 적는다.

한글 맞춤법은 표준어를 전제로 운용된다. 표준어는 '교양 있는 사람들이 두루 쓰는 현대 서울말로 정함'을 원칙으로 한다. 소리대로 적되 어법에 맞도록 한다는 것은 한글을 사용하는 사람들이 쉽게 쓰되, 형태를 고정하여 의미 전달에 훼손을 막는다는 뜻이다.

띄어쓰기는 정확한 의사소통과 독해를 위해 필요하다. 한글은 띄어쓰기에 따라 전달하려는 내용이 달라질 수 있기 때문에 각 단어를 띄어 씀을 원칙으로 한다.

외래어 표기는 '외래어 표기법'을 따른다. 외래어 표기는 가능한 한 원음을 살려 적되 우리말의 규칙에 따라 적어야 한다. 외래어 표기법에 따르면 받침에는 'ㄱ, ㄴ, ㄹ, ㅁ, ㅂ, ㅅ, ㅇ'만을 쓰고, 외래어를 표기할 때 'ㄲ, ㄸ, ㅃ, ㅉ'를 사용하지 않는다.

(2) 한글 맞춤법의 주요 운영원칙

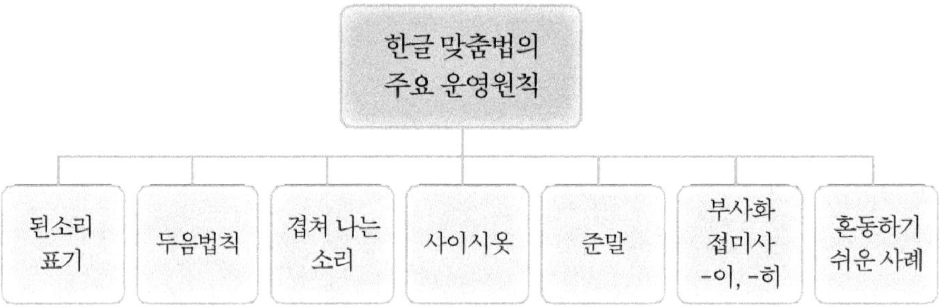

① 된소리 표기

ㄱ	한 단어 안에서 뚜렷한 까닭 없이 나는 된소리는 다음 음절의 첫소리를 된소리로 적는다.
	예 소쩍새, 어깨, 오빠, 가끔, 부쩍, 잔뜩, 훨씬, 몽땅
ㄴ	다만, 'ㄱ, ㅂ' 받침 뒤에서 나는 된소리는 같은 음절이나 비슷한 음절이 겹쳐나는 경우가 아니면 된소리로 적지 아니한다.
	예 국수, 깍두기, 색시, 싹둑, 갑자기, 몹시

② 두음법칙

ㄱ	한자음 '녀, 뇨, 뉴, 니, 랴, 려, 례, 료, 류, 리, 라, 래, 로, 뢰, 루, 르'가 단어 첫머리에 올 적에는, 두음법칙에 따라 '여, 요, 유, 이, 야, 여, 예, 요, 유, 이, 나, 내, 노, 뇌, 누, 느'로 적는다.
	예 여자, 연세, 요소, 양심, 역사, 예의, 낙원, 내일, 노인
ㄴ	단어의 첫머리 이외의 경우에는 본음대로 적는다.
	예 남녀, 당뇨, 은닉
ㄷ	접두사처럼 쓰이는 한자가 붙어서 된 말이나 합성어에서, 뒷말의 첫소리가 'ㄴ' 소리로 나더라도 두음법칙에 따라 적는다.
	예 신여성, 공염불, 남존여비
ㄹ	둘 이상의 단어로 이루어진 고유 명사를 붙여 쓰는 경우 뒷말의 첫소리가 'ㄴ' 소리로 나더라도 두음법칙에 따라 적는다.
	예 한국여자대학 대한요소비료회사
ㅁ	다만, 모음이나 'ㄴ' 받침 뒤에 이어지는 '렬, 률'은 '열, 율'로 적는다.
	예 나열, 비율, 치열, 분열, 전율, 백분율
ㅂ	접두사처럼 쓰이는 한자가 붙어서 된 말이나 합성어에서 뒷말의 첫소리가 'ㄴ' 또는 'ㄹ' 소리로 나더라도 두음법칙에 따라 적는다.
	예 역이용, 연이율, 열역학, 해외여행, 내내월, 상노인, 비논리적, 중노동
ㅅ	다만, 의존명사 '냥(兩), 년(年), 리(里,理)'는 본음대로 적는다.

③ 겹쳐 나는 소리

한 단어 안에서 같은 음절이나 비슷한 음절이 겹쳐 나는 부분은 같은 글자로 적는다.
예 씩씩, 뚝딱뚝딱, 유유상종, 누누이, 밋밋하다, 쌉쌀하다, 씁쓸하다, 짭짤하다

④ 사이시옷

ㄱ	순우리말, 순우리말과 한자어로 된 합성어로서 앞말이 모음으로 끝난 경우 ⇒ 뒷말의 첫소리가 된소리로 나는 것
	예 나뭇가지, 냇가, 모깃불, 햇볕, 혓바늘, 귓병, 전셋집, 찻간, 텃새, 햇수
ㄴ	뒷말의 첫소리 'ㄴ, ㅁ' 앞에서 'ㄴ' 소리가 덧나는 것
	예 아랫니, 아랫마을, 잇몸, 냇물, 빗물, 곗날, 제삿날, 양칫물
ㄷ	뒷말의 첫소리 모음 앞에서 'ㄴㄴ' 소리가 덧나는 것
	예 뒷일, 베갯잇, 깻잎, 나뭇잎, 예삿일, 훗일
ㄹ	두 음절로 된 한자어는 다음 6가지 경우에만 사이시옷을 붙인다.
	예 곳간(庫間), 셋방(貰房), 숫자(數字), 찻간(車間), 툇간(退間), 횟수(回數)

⑤ 준말

ㄱ	단어의 끝 모음이 줄어지고 자음만 남은 것은 그 앞의 음절에 받침으로 적는다.
	예 엊그저께(어제그저께), 엊저녁(어제저녁), 갖고(가지고), 딛고(디디고)
ㄴ	체언과 조사가 어울려 줄어지는 경우, 모음 'ㅏ, ㅓ'로 끝난 어간에 '-아-어 -았/-었'이 어울릴 경우, 'ㅐ, ㅔ' 뒤에 '-어 -었'이 어울려 줄 경우 준 대로 적는다.
	예 그건(그것은), 그게(그것이), 뭘(무엇을), 널(너를), 가(가아), 서(서어), 세(세어)

⑥ 부사화 접미사 –이, –히

ㄱ	'하다'가 붙는 말에는 '-히', 단, 'ㅅ' 받침으로 끝나면 '-이'
	예 고요히, 급히, 딱히, 쓸쓸히, 깨끗이, 따뜻이, 느긋이, 반듯이
ㄴ	나머지는 '-히'
	예 극히, 익히, 특히, 열심히, 정확히
ㄷ	다만, 부사어 +이, 첩어+이, ㅂ불규칙 용언 어간 +이, 기타 용언 어간 +이는 항상 -이
	예 더욱이, 일찍이, 나날이, 틈틈이, 가벼이, 고이, 적이, 깊이, 헛되이

⑦ 혼동하기 쉬운 사례

ㄱ	~오/~요 : 종결형은 항상 '~오'로 쓴다. 연결형은 '~요'를 쓴다.
	예 가시오. 멈추시오. 이것은 사과요, 저것은 감이다.
ㄴ	안/않~ : '안'은 '아니'의 준말이고, '않'은 '아니하'의 준말이다.
	예 안 가요. 안 돼. 그것은 내가 하지 않은 일입니다.
ㄷ	붙이다/부치다 : '붙이다'는 붙게 하다, '부치다'는 ① 편지나 물건 따위를 일정한 수단이나 방법을 써서 상대에게로 보내다. ② 어떤 문제를 다른 곳이나 다른 기회로 넘기어 맡기다. ③ 어떤 일을 거론하거나 문제 삼지 아니하는 상태에 있게 하다. ④ 논밭을 이용하여 농사를 짓다. ⑤ 번철이나 프라이팬 따위에 기름을 바르고 빈대떡, 저냐, 전병(煎餠) 따위의 음식을 익혀서 만들다. ⑥ 모자라거나 미치지 못하다. ⑦ 부채 따위를 흔들어서 바람을 일으키다.
	예 별명을 붙이다 논밭을 부치다
ㄹ	'~로서'/'~로써' : '~로서'는 지위, 신분, 자격을 나타낼 때 쓰고, '~로써'는 도구, 재료, 방편, 이유 등을 나타낼 때 쓴다.
	예 그는 대표로서 회의를 열었다. 그는 돌로써 조각상을 완성하였다.
ㅁ	'~던'/'~든' : '~던'은 지난 일을 나타낼 경우, '~든'은 조건이나 선택을 뜻한다.
	예 얼마나 재미있었던지 가든지 오든지 마음대로 해.
ㅂ	'~ㄹ게'/'~ㄹ께' : 종결어미는 '~ㄹ게'를 쓰고, 의문 종결어미는 '~ㄹ까?, ~꼬?, ~ㄹ쏘냐?, ~ㅂ니까?'를 쓴다.
	예 내가 할게. 내가 갈까?
ㅅ	'왠지'/'웬지' : '왠지'는 '왜인지'의 줄임말로 이유나 까닭을 나타낸다. '웬'은 '어떠한', '어찌된'이란 뜻이다.
	예 이게 웬 떡이냐? 왠지 잘 될 것 같군.

한글 맞춤법과 띄어쓰기의 구체적인 용례 확인은 한국어 맞춤법 문법 검사기 http://speller.cs.pusan.ac.kr/를 활용하면 편리하다.

〈표준어 추가 현황표('11년~'16년)〉

2011년 (39항목)			
기존 표준어	추가 표준어	의미	구분
~기에	~길래	'~기에'를 구어적으로 이르는 말.	별도 표준어
간질이다	간지럽히다	살갗을 문지르거나 건드려 간지럽게 하다.	복수 표준어
괴발개발	개발새발	개의 발과 새의 발이라는 뜻으로, 글씨를 되는대로 아무렇게나 써 놓은 모양을 이르는 말.	별도 표준어
거치적거리다	걸리적거리다	거추장스럽게 자꾸 여기저기 걸리거나 닿다.	별도 표준어
끼적거리다	끄적거리다	글씨나 그림 따위를 아무렇게나 자꾸 막 쓰거나 그리다.	별도 표준어
날개	나래	흔히 문학 작품 따위에서, '날개'를 이르는 말. '날개'보다 부드러운 어감을 준다.	별도 표준어
남우세스럽다	남사스럽다	남에게 놀림과 비웃음을 받을 듯하다.	복수 표준어
냄새	내음	코로 맡을 수 있는 나쁘지 않거나 향기로운 기운. 주로 문학적 표현에 쓰인다.	별도 표준어
눈초리	눈꼬리	귀 쪽으로 가늘게 좁혀진 눈의 가장자리.	별도 표준어
두루뭉술하다	두리뭉실하다	특별히 모나거나 튀지 않고 둥그스름하다.	별도 표준어
목물	등물	팔다리를 뻗고 엎드린 사람의 허리 위에서부터 목까지를 물로 씻겨 주는 일.	복수 표준어
떨어뜨리다	떨구다	시선을 아래로 향하다.	별도 표준어
뜰	뜨락	앞말이 가리키는 것이 존재하거나 깃들어 있는 추상적 공간을 비유적으로 이르는 말.	별도 표준어
만날	맨날	매일같이 계속하여서.	복수 표준어
맨송맨송	맨숭맨숭/ 맹숭맹숭	몸에 털이 있어야 할 곳에 털이 없어 반반한 모양./몸에 털이 있어야 할 곳이 벗어져 반반한 모양.	별도 표준어
먹을거리	먹거리	사람이 살아가기 위하여 먹는 온갖 것.	별도 표준어
메우다	메꾸다	시간을 적당히 또는 그럭저럭 보내다.	별도 표준어

묏자리	뫼자리	뫼를 쓸 자리. 또는 쓴 자리.	복수 표준어
바동바동	바둥바둥	덩치가 작은 것이 매달리거나 자빠지거나 주저앉아서 자꾸 팔다리를 내저으며 움직이는 모양. '바동바동'보다 큰 느낌을 준다.	별도 표준어
복사뼈	복숭아뼈	발목 부근에 안팎으로 둥글게 나온 뼈.	복수 표준어
새치름하다	새초롬하다	조금 쌀쌀맞게 시치미를 떼는 태도가 있다.	별도 표준어
세간	세간살이	집안 살림에 쓰는 온갖 물건.	복수 표준어
손자(孫子)	손주	손자와 손녀를 아울러 이르는 말.	별도 표준어
쌉싸래하다	쌉싸름하다	조금 쓴 맛이 있는 듯하다.	복수 표준어
아옹다옹	아웅다웅	대수롭지 아니한 일로 서로 자꾸 다투는 모양. '아옹다옹'보다 큰 느낌을 준다.	별도 표준어
야멸치다	야멸차다	자기만 생각하고 남의 사정을 돌볼 마음이 거의 없다.	별도 표준어
어수룩하다	어리숙하다	겉모습이나 언행이 치밀하지 못하여 순진하고 어리석은 데가 있다.	별도 표준어
연방	연신	잇따라 자꾸.	별도 표준어
오순도순	오손도손	정답게 이야기하거나 의좋게 지내는 모양	별도 표준어
자장면	짜장면	중국요리의 하나. 고기와 채소를 넣어 볶은 중국 된장에 국수를 비벼 먹는다.	복수 표기
찌뿌듯하다	찌뿌둥하다	몸살이나 감기 따위로 몸이 무겁고 거북하다.	별도 표준어
치근거리다	추근거리다	조금 성가실 정도로 은근히 자꾸 귀찮게 굴다.	별도 표준어
태껸	택견	우리나라 고유의 전통 무예 가운데 하나. 유연한 동작을 취하며 움직이다가 순간적으로 손질 · 발질을 하여 그 탄력으로 상대편을 제압하고 자기 몸을 방어한다. 2011년 유네스코 세계 무형 유산으로 지정되었다. 중요 무형 문화재 제76호.	복수 표기
고운대	토란대	토란의 줄기. 주로 국거리로 쓴다.	복수 표준어
품세	품새	태권도에서, 공격과 방어의 기본 기술을 연결한 연속 동작.	복수 표기
허섭스레기	허접쓰레기	좋은 것이 빠지고 난 뒤에 남은 허름한 물건.	복수 표준어
휭허케	휭하니	중도에서 지체하지 아니하고 곧장 빠르게 가는 모양.	별도 표준어
토담	흙담	흙으로 쌓아 만든 담.	복수 표준어

2014년(13항목)			
기존 표준어	추가 표준어	의미	구분
개개다	개기다	(속되게) 명령이나 지시를 따르지 않고 버티거나 반항하다.	별도 표준어
구안괘사	구안와사	얼굴 신경 마비 증상. 입과 눈이 한쪽으로 틀어지는 병이다.	복수 표준어
굽실	굽신	고개나 허리를 가볍게 구푸렸다 펴는 모양.	복수 표준어
꾀다	꼬시다	'꾀다'를 속되게 이르는 말.	별도 표준어
장난감	놀잇감	놀이 또는 아동 교육 현장 따위에서 활용되는 물건이나 재료.	별도 표준어
눈두덩	눈두덩이	눈언저리의 두두룩한 곳.	복수 표준어
딴죽	딴지	일이 순순히 진행되지 못하도록 훼방을 놓거나 어기대는 것.	별도 표준어
삐치다	삐지다	성나거나 못마땅해서 마음이 토라지다.	복수 표준어
사그라지다	사그라들다	삭아서 없어져 가다.	별도 표준어
섬뜩	섬찟	갑자기 소름이 끼치도록 무섭고 끔찍한 느낌이 드는 모양.	별도 표준어
속병	속앓이	속이 아픈 병. 또는 속에 병이 생겨 아파하는 일.	별도 표준어
작장초	초장초	괭이밥과의 여러해살이풀. 높이는 10~30cm이며, 잎은 어긋나고 세 갈래로 갈라지며, 작은 잎은 거꾸로 된 심장 모양이다. 7~8월에 노란 꽃이 산형(繖形) 화서로 꽃줄기 끝에 피고 열매는 삭과(蒴果)를 맺는다. 어린잎과 줄기는 식용한다. 논밭이나 길가에 나는데 우리나라 각지에 분포한다.	복수 표준어
허접스럽다	허접하다	허름하고 잡스럽다.	별도 표준어

2015년 (11항목)			
기존 표준어	추가 표준어	의미	구분
~고 싶다	~고프다	'~고 싶다'가 줄어든 말.	복수 표준어
가오리연	꼬리연	긴 꼬리를 단 연.	별도 표준어
노라네 동그라네 조그마네 …	노랗네 동그랗네 조그맣네 …	ㅎ불규칙용언이 어미 '-네'와 결합할 때는 어간 끝의 'ㅎ'을 탈락시키지 않아도 됨.	복수 표준형
마을	마실	이웃에 놀러 다니는 일.	복수 표준어
마 마라 마요	말아 말아라 말아요	'말다'에 명령형 어미 '-아', '-아라', '아요' 등이 결합할 때는 어간 끝의 'ㄹ'을 탈락시키지 않아도 됨.	복수 표준형
의논	의론	어떤 사안에 대하여 각자의 의견을 제기함. 또는 그런 의견.	별도 표준어
예쁘다	이쁘다	생긴 모양이 아름다워 눈으로 보기에 좋다.	복수 표준어
이키	이크	당황하거나 놀랐을 때 내는 소리. '이키'보다 큰 느낌을 준다.	별도 표준어
잎사귀	잎새	나무의 잎사귀. 주로 문학적 표현에 쓰인다.	별도 표준어
차지다	찰지다	'차지다'의 원말.	복수 표준어
푸르다	푸르르다	'푸르다'를 강조하여 이르는 말.	별도 표준어

2016년(6항목)			
기존 표준어	추가 표준어	의미	구분
거방지다	걸판지다	① 매우 푸지다. ② 동작이나 모양이 크고 어수선하다.	별도 표준어
건울음	겉울음	① 드러내 놓고 우는 울음. ② 마음에도 없이 겉으로만 우는 울음.	별도 표준어
까다롭다	까탈스럽다	① 조건, 규정 따위가 복잡하고 엄격하여 적응하거나 적용하기에 어려운 데가 있다. '가탈스럽다①'보다 센 느낌을 준다. ② 성미나 취향 따위가 원만하지 않고 별스러워 맞춰 주기에 어려운 데가 있다. '가탈스럽다②'보다 센 느낌을 준다.	별도 표준어
실몽당이	실뭉치	실을 한데 뭉치거나 감은 덩이.	별도 표준어
에는	엘랑	표준어 규정 제25항에 따라 '에는'의 비표준형으로 다루어 온 '엘랑'을 표준형으로 인정함. '엘랑' 외에도 'ㄹ랑'에 조사 또는 어미가 결합한 '에설랑, 설랑, -고설랑, -어설랑, -질랑'도 표준형으로 인정함.	복수 표준형
주책없다	주책이다	표준어 규정 제25항에 따라 '주책없다'의 비표준형으로 다루어 온 '주책이다'를 표준형으로 인정함. '주책이다'는 '일정한 줏대가 없이 되는대로 하는 짓'을 뜻하는 '주책'에 서술격조사 '이다'가 붙은 말로 봄.	복수 표준형

연습

학과 :	학번 :	성명 :

* 옳은 것을 고르시오.

1. (나무가지, 나뭇가지)를 함부로 꺾으면 나무가 잘 자라지 않는다.
2. (다행이, 다행히) 나쁜 일은 더 이상 일어나지 않았다.
3. (오랜만에, 오랫만에) 극장에 가니 기분이 엄청 좋았다.
4. 국어시간에 (띄어쓰기, 뛰어쓰기) 시험을 쳤는데 모두 틀렸다.
5. 놀이터에서 친구들과 (숨바꼭질, 숨박꼭질)을 했다.
6. 맞춤법 실력이 (나날이, 나날히) 좋아지고 있구나.
7. 며칠 전 가시에 찔린 상처가 아직 (낫지, 낳지) 않았다
8. 시험을 다 치고 나니 (웬지, 왠지) 허전한 기분이 들었다.
9. 언니는 예쁜 한복을 (마추었다고, 맞추었다고) 자랑했다.
10. 영구는 비 오는 날 위험을 (무릅쓰고, 무릎쓰고) 강을 건넜다.
11. 영수는 몸이 아프다고 학교에 오지 (않았다, 안았다).
12. 오늘 아침은 (웬일로, 왠일로) 이렇게 일찍 일어났니?
13. 오늘따라 동전이 하나도 없어서 친구에게 (빌어, 빌려) 썼다.
14. 우리 아버지는 자랑스런 (농사꾼, 농사군)이다.
15. 우리는 동네 골목길을 (깨끗이, 깨끗히) 청소했다.

* 한글 맞춤법에 맞지 않는 표기를 찾아 바르게 고치시오.

1. 생앙쥐 한 마리가 무우 두 개를 갉아 먹었다.
2. 오늘은 밤이 늦었으니 이만 집에 갈께요.
3. 네가 지금 가는 데가 어디던지 간에 나는 따라 가겠다.
4. 요즈 집값은 너무 비싸서 신혼부부가 전셋집은 커녕 전셋방도 언기 힘들다.

5. 그 당시 가정 형편이 무척 어려웠던 나는 훗날을 위해 공부를 않 할 수가 없었다.

6. 선생님의 꾸짓음을 피하기 위해 거짓말을 한 동생은 결국 그 만큼의 댓가를 치루었다.

7. 우리는 속마음을 털어 놓을 수 있는 좋은 친구를 사겨야 한다.

8. 나는 우리 집의 가장으로써 식구들을 먹여 살리기 위해 죽을 만큼 열심히 일했다.

9. 오늘이 몇 월 몇 일 입니까?

10. 전문가에게 자문을 구하는게 필요하다.

11. 회의 중에는 사적인 이야기를 삼가해주세요.

12. 회계 년도가 시작되어 멀지않아 예산이 지급될 것이다.

13. 윗어른을 공경하는 자세로 그 분의 윗옷을 받아 위목에 두었다.

14. 시험공부가 부족하여 안절부절했다.

15. 장마비가 쏟아지는 등교길에서 우뢰 소리를 들었다

* 다음 문장을 띄어쓰기 하시오.

1. 어머니께서화를내실만도하지만,석달만에돌아온나에게 아무말씀도안하신다.

2. 홍길동님,사장님은어디계세요?

3. 너만큼잘하지는못하지만나도할만큼은했어.

4. 1장제1과문제를풀면이달말시험에서10점짜리문제를맞추게된다.

5. 그럴리가있느냐?더할나위없이기쁘다.

6. 가족이함께모여밥을먹으니밥맛이더 좋다.

7. 내가한번해볼께. 내가안되면네가해봐.

8. 남쪽지방에가뭄이심해서식수조차부족하다.

9. 철수는동네에서뿐만아니라학교에서도부지런하다고소문이 자자하다.

10. 벼는익을수록고개를숙이듯사람도아는게많을수록겸손하다.

2) 정확한 단어 쓰기

(1) 단어 선택의 기준

① 일반적인 단어의 의미를 잘 나타내는가.

② 단어의 짜임을 통해 의미를 생성할 수 있는가.

③ 문맥에서 단어의 의미를 추론할 수 있는가.

④ 전체 내용을 이해하는 데 어긋나지 않는가.

⑤ 자신이 뜻하는 바가 정확하게 드러나는가.

⑥ 필요 없는 표현은 아닌가.

⑦ 불필요한 인터넷 용어나 은어가 아닌가.

(2) 한자어와 외국어

① 고유어의 사용이 기본이다.

② 고유어는 언어적 관습을 공유하고 있기 때문에 효율적이다.

③ 한자어 표현은 고유어로 바꾸어 사용한다(한자의 언어적 학습은 다른 문제다).

④ 일본식 표현과 외래어 사용에 주의한다.

(3) 기타

① 숙어, 속담, 명언, 명구 등을 외워서 필요한 곳에 알맞게 쓴다 : 문장의 맥락을 파악하고 숨은 생각을 찾아내는 데 효과적이다.

② 유의어, 반대어 등 사전을 활용한다 : 다양한 어휘의 선택은 자신의 생각을 정확하게 표현할 수 있는 기회를 준다.

③ 순우리말을 찾아 쓴다 : 개성을 드러내고 언어적 감각을 닦는 데 도움이 된다.

3) 올바른 문장 쓰기

올바른 문장을 쓰기 위해서는 타당한 근거를 바탕으로 읽는 사람의 입장에서 쓴다. 일반적으로 존칭어를 쓰지 않고, 편견과 선입견이 담긴 단어는 삼간다. 평서문으로 쓰되, 감정적인 표현을 피하고 구체적으로 쓴다. 특히 접속사 사용을 줄여서 문맥이 자연스럽게 이어지도록 써야 한다.

명료한 문장은 논리적으로 분명하고, 생각이 구체적으로 드러나며, 우리식 문장 구조로 이루어져 있어야 한다. 기본적으로 문장은 수식 관계와 논리 관계가 명확하고 주어와 서술어의 거리는 가까워야 한다. 올바른 문장 쓰기를 위해서는 다음과 같은 사항에 주의해야 한다.

(1) 문장은 짧게 쓴다

- 한 문장에 하나의 생각만을 담아, 40자 안팎으로 쓰는 것이 좋다(최대 60자 이내). 문장 길이가 길어지면 객관성을 잃거나, 논리적 흐름에서 벗어나기 쉽다.
- 짧게 쓰기에 치중하다 보면 호흡이 짧아져서 경직된 느낌을 줄 수 있다.

예 종교를 믿지는 않지만 만약 우리에게 신이 있다면 신이 준 이 생명은 우리에게 준 권리와도 같은 것이 아닐까 스스로 삶을 살아서 행복하게 살 권리를 준 것이라고 생각하기에 우리는 아름답게 살아야 한다.

⇒

(2) 문장 끝은 분명하게 한다

- 이중 부정이나, 자신 없는 표현은 피한다. 추측성 표현은 글의 주장을 흐리게 한다.

예 한 마디로 경쟁이 붙은 것과 다름 아니었다.

⇒

(3) 주어와 서술어는 호응해야 한다

- 문장은 주어–주체, 서술어–주체의 행위, 속성의 구조를 이루어야 한다.

예 메이크업이 배우들에게 관객들이 실제 등장인물처럼 보이게 창조하기도 한다.

⇒

(4) 주어와 서술어의 거리는 가까워야 한다.

- 주어와 서술어, 수식어가 한 문장에 있을 때 주어와 서술어는 가까워야 한다.

예 이 작품은 현대 사회를 삭막하게 사는 우리에게 잔잔한 감동을 주었다.

⇒

(5) 외래어를 바르게 사용한다

- 외래어는 외래어 표기법을 따르고, 원지음을 살려 적는다.
- 외래어를 표기할 때 파열음(ㅂ, ㄷ, ㄱ 따위)을 된소리로 표기해서는 안 된다.

예 내 컴퓨터에 들어 있는 컨텐츠 화일과 데이타베이스를 확인해 보라.

⇒

(6) '의'를 되도록 쓰지 않는다

- 관형격 조사 '의'는 후행하는 체언을 수식하는 기능을 나타낸다.
- '의' 남발은 일본어 번역식 문장으로 해석될 수 있다.

예 나의 성공을 축하해 주세요.

⇒

(7) 번역 투 문장을 쓰지 않는다

- 번역 투 표현을 피하고, 우리말답게 사용하자.

예 나는 아이 둘을 갖고 있다.

⇒

연습

※ 다음 문장의 어색한 부분을 바르게 고치시오.

(1) 춘원 이광수는 1917년 〈무정〉을 발표했는데, 국문학사상 최초의 근대 장편소설이다.

(2) 영국 축구팀은 불확실한 패스워크와 수비가 불안하여 네덜란드 팀에 패배하였다.

(3) 빈익빈 부익부와 같은 사회적 불평등은 마땅히 사라지고 있다.

(4) 제안서, 안내서 및 과업 지시서 교부는 참가 신청자에게만 교부한다.

(5) 왜냐하면 너의 생각은 우리의 현재 상황과 어울리지 않는다.

(6) 특이한 것은 이 물질을 계속 가열하면 붉은 색이 없어지고 본래의 회색 수은으로 되돌아간다.

(7) 부품 파손이나 손이 다칠 우려가 있습니다.

(8) 그는 직장을 그만둔 후 얼마 동안은 무얼 할지도, 해야 할 일도 없었다.

(9) 그는 신장 185cm, 체중 90kg의 건강한 체격을 갖추고 있다.

(10) 여러 갈래로 나뉘어지는 길이 나오면 제일 오른쪽 길로 가십시오.

(11) 모두가 곤히 잠든 와중에 그는 계속 운동을 했다.

(12) 소비자의 권리를 존중하고 종업원을 무시하는 일이 없도록 합시다.

(13) 글을 쓸 때 가장 중요한 것 중의 하나는 글의 주제를 잡는 일이다.

(14) 나는 많은 꿈을 가지고 있다.

(15) 몇몇 기자들의 끈질긴 질문 끝에 정부는 구조 작업이 큰 어려움이 있음을 실토했다.

(16) 정부는 독도문제를 일본에게 강력히 항의하였다.

(17) 그 남자는 뛰어난 능력 뿐 아니라 준수한 외모, 바른 성품을 지닌 재원으로 유명하다.

(18) 얼마나 판매되었는가와 제품의 선호도가 진열의 기준이 된다.

(19) 인간들은 한편으로는 자연에 순응하면서, 다른 한편으로는 이용하면서 살아왔다.

(20) 어렸을 때부터 남다른 교육열을 가진 어머니 덕분에 학원은 질리도록 다녔다.

4) 흐름을 살린 문단 쓰기

주제와 주제문, 예비 개요를 수정하여 최종 개요를 작성하였다면, 이제 글쓰기 작업을 진행해야 한다. 주제문과 최종 개요를 참조하여 글 전체의 흐름과 맥락이 자연스럽게 이어지도록 작성한다. 문단은 하나의 소주제로 이루어지고, 그 자체로서 완결성을 지니고 있어야 한다. 동시에 한 편의 글의 일부로서 글 전체와 유기적인 연관성을 가지고 다른 문단들과도 연계되어야 한다. 각 문단은 통일성 있게 작성하고, 주제를 효과적으로 드러낼 수 있도록 배치하여 자연스럽게 연결되도록 한다. 글쓰기의 생명은 문단 구성, 그리고 문단 간의 유기적인 연결에 있다.

(1) 문단이란?

문단은 통일된 내용을 담고 있는 글의 토막으로 보통 하나의 소주제문과 4~8개의 보충문으로 이루어진다. 문단은 그 자체로 완결되어야 하며, 글 전체를 구성하는 하나의 의미 단위(소주제)를 가지고 있어야 한다. 소주제문을 뒷받침하기 위하여 동원되는 문장을 뒷받침 문장이라고 한다. 문단은 여러 문장이 결합하여 이루어진다. 따라서 문장은 통일성을 지니고 문단을 구성해야 하며, 문단과 문단은 유기적으로 연결되어야 한다. 문단을 만드는 일은 독립된 의미 단위이자 글 전체의 유기적인 부분으로서 짜임새 있는 글쓰기의 중요한 과정이다.

문단 구성은 글의 유형에 따라서 달리하며, 문단 간의 자연스러운 연결이 핵심이다. 한 문단은 '소주제(topic) + 뒷받침 문장' 구조로 이루어진다. 한 문단에 소주제는 하나로, 소주제의 내용에 적합하지 않은 것은 모두 없애야 한다. 문단 속의 문장들은 논리적으로 연결되어야 한다. 각 문단은 가급적 두괄식으로 구성하는 것이 주제 전달에 효과적이다.

형식 문단은 형태를 기준으로 한 것으로, 주로 들여쓰기를 통하여 구분한다. 줄이 바뀌고 첫 칸이 빈 상태로 시작되는 곳으로부터, 다시 들여쓰기를 한 줄이 나오기 전까지가 한 문단이다. 이처럼 형식 문단은 겉으로 드러나기 때문에 쉽게 구분할 수 있다.

내용 문단은 내용상 서로 연관이 있는 형식 문단을 하나로 묶어 놓은 것이다. 형식 문단을 기준으로 구분하면 여러 개의 문단이라 하더라도 하나의 내용으로 묶일 수 있으면 하나의 내용 문단이 되는 것이다.

(2) 문단 구성의 원리

통일성	• 한 문단의 화제는 하나이고, 뒷받침 문장이 화제의 범위를 벗어나지 않도록 해야 한다.
일관성	• 한 문단 안에서 일관성은 앞뒤 문장의 관계를 나타내는 지시어, 접속사, 핵심 어구를 통해 확인할 수 있다. 또한 내용이 모순되어서는 안 된다.
완결성	• 하나의 문단이 완성되기 위해서는 형식적, 내용적 요소들이 유기적으로 결합되어야 한다.

글은 최종적으로 완성된 개요를 중심으로 세부 기술 내용을 확정하여 작성한다. 개요나 목차에 따른 세부 내용도 처음에는 요점이나 주요 단어를 중심으로 열거하며 작성하였다가(개조식 작성), 내용이 정립되면 소주제 문장으로 작성한다. 소주제 문장은 다시 문단으로 기술하여 문단 간에 유기적 관계를 맺도록 한다. 소주제 문장 혹은 목차에 따라 열거한 내용을 살펴보면, 자신이 작성한 글의 주제와 내용의 전개 방법을 확실하게 알 수 있다.

연습

1. 다음 문단 구성을 살펴보고, 질문에 답해 보자.

①사람은 어머니 배 속에 있을 때부터 이미 여러 가지 사회관계를 맺으면서 자라난다. ②태아는 어머니에게 영양을 공급받고 가족의 관심과 사랑 속에서 생명체로서 가치를 부여받는다. ③태아도 생명체의 가치를 지니는 한 하나의 인격적 존재로 여겨져야 한다. ④그리고 사람은 학교에서는 교사와 학생의 관계, 직장에서는 고용인과 피고용인의 관계, 성적으로는 남성과 여성의 관계 등 다양한 사회관계를 맺는다. ⑤사람은 이렇게 다양한 사회관계를 맺고 산다는 의미에서 사회적 존재라 할 수 있다. ⑥사회관계는 부모와 자식의 관계처럼 운명으로 주어질 수도 있고 고용인과 피고용인의 관계처럼 개인이 선택할 수도 있다.

1) 위 문단의 중심 생각을 담고 있는 문장은?

2) 이 문단의 통일성을 깨트리고 있는 문장은?

2. 다음 글감에 맞는 소주제문을 만들고, 각각 다섯 단계로 구체화시켜 한 문단을 완성해 보자. (보기: 친구, 여행, 아르바이트)

글감	
소주제문	

뒷받침 문장	
문단 쓰기	

3. 앞에서 쓴 문단을 토대로 제목이 달린 네 문단 이상의 완성글을 써보자.

제목 :		
학과 :	학번 :	성명 :

제2장

학술적 글쓰기

1. 요약하기
2. 보고서
3. 논문

글쓰기의 기본기를 익혔다면, 이제부터 목적에 맞게 글 쓰는 방법을 실습할 차례다. 이번 장에서는 대학생의 지적인 활동을 도와줄 요약하기와 보고서 및 논문 작성 등 학술적 글쓰기를 연습한다.

학술적 글쓰기는 효과적인 학습과 지식 활용에 필수적인 글쓰기이다. 우선 요약하기 연습을 통해 글의 핵심을 파악하여 정리하는 능력을 키우게 될 것이다. 요약하기 능력을 바탕으로 비판적·창의적 사고력을 발휘한다면, 주어진 과제의 해결 능력도 향상시킬 수 있다. 그뿐만 아니라 이 장에서는 실험·조사하여 얻은 새로운 정보와 지식을 전달하는 보고서와, 전공 분야에서 거둔 성과를 객관적·논리적으로 정리하는 논문 작성법도 익힐 수 있다.

1. 요약하기

학술적인 글을 쓰려면 관련 주제에 적합한 자료를 찾아 읽고 그 핵심을 파악하여 정리하는 능력이 필요하다. 자료를 찾아 읽으면서 글의 내용과 흐름을 이해하고, 핵심 내용과 뒷받침 내용을 구별하며 반복되거나 불필요한 부분은 삭제한다. 이렇게 1차적으로 정리된 내용을 가지고 주장과 논거에 맞게 글을 재구성하는 것이 바로 요약하기이다.

- 요약(要約, summing-up, summary) : 말이나 글의 요점을 간추리는 것
- 요지(要旨) : 말이나 글 따위에서 핵심이 되는 중요한 내용
- 요점(要點) : 가장 중요하고 핵심이 되는 사실이나 관점
- 개요(槪要, synopsis, outline) : 간결하게 추려 낸 주요 내용
- 초록(抄錄, abstract) : 필요한 부분만을 뽑아서 적음. 또는 그런 기록

1) 요약하기 방법

요약은 글을 정확하게 파악하고 분석하여 효과적으로 압축하는 것을 말한다. 글의 중요한 부분과 덜 중요한 부분, 중심 문장과 뒷받침 문장을 가려내어 글쓴이의 의도에 가장 가까운 형태의 글로 재구성하는 과정이라 할 수 있다. 또한 주장의 내용과 그것을 뒷받침하는 논거를 찾아내는 과정이다. 그러므로 주제에 접근할 수 있는 정보를 압축하고 중심 생각을 찾아내야 한다. 이때 문장 요약과 문단 요약, 글 요약을 통하여 글의 주제가 드러나도록 간략하게 진술하면 된다. 이러한 과정을 거쳐 최소한의 단어를 사용하여 핵심 사항만을 정리한 것이 바로 요약이다.

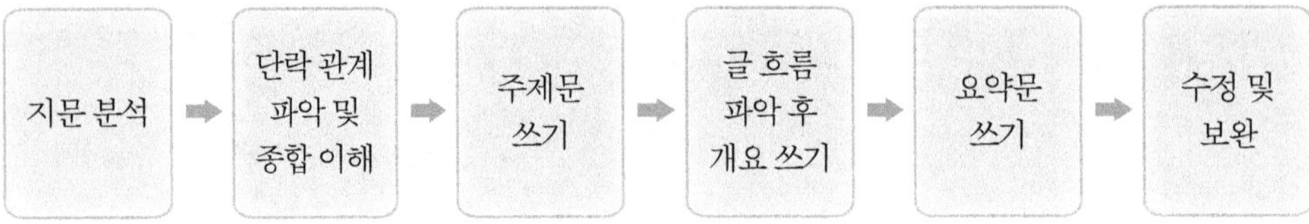

요약하기의 순서는 다음과 같다.

(1) 지문을 분석한다. 글을 읽으면서 중요한 내용(핵심 단어, 개념, 중요한 구절, 문장)에 밑줄을 긋는다.

(2) 각 문단의 중심 문장을 찾는다.

(3) 단락 관계를 파악하면서 글 전체를 종합적으로 이해한다. 형식 단락의 상호 관계를 살펴본 후 내용 단락(서론-본론-결론, 원인-결과, 주장-근거, 기-승-전-결 등)을 정리하면 내용의 흐름을 종합적으로 이해할 수 있다.

(4) 주제문을 쓴다. 앞서 파악한 각 단락의 요지를 참고하면 글의 주제를 한 문장으로 표현할 수 있다.

(5) 글의 흐름을 파악한 후 개요를 작성한다. 요약할 때 반드시 개요를 작성해야 하는 것은 아니다. 하지만 대략적인 개요를 작성해 보면 요약문 쓰기가 훨씬 쉽다.

(6) 개요와 원문을 토대로 하여 요약문을 작성한다. 요약문을 쓸 때, 제시문의 구성 순서에 따르거나 자신이 파악한 글의 논리에 맞게 재구성해도 좋다.

(7) 핵심적인 개념이나 구절은 반드시 활용하되, 자신의 언어로 표현한다.

(8) 작성한 요약문을 천천히 읽어 보면서 수정 및 보완한다. 핵심 내용이 빠져 있는가, 불필요한 내용이 들어 있는가, 분량은 적절한가, 주어진 조건에 따르고 있는가, 어법·어휘·띄어쓰기가 올바른가를 검토한 후 퇴고하여 요약문을 완성한다.

연습

※ 다음 글을 읽고 질문에 답하면서 요약하기의 방법을 익혀 보자.

일본의 봉건 사회는 복잡한 층으로 나눠지고, 각자의 신분은 세습적으로 정해졌다. 도쿠가와는 이 제도를 고정시켜 저마다의 카스트의 일상 행동을 세밀히 규제했다. 각 가정의 가장은 그 문 앞에 그의 계급적 지위와 그의 세습적 신분에 관한 소정의 사실을 게시하지 않으면 안 되었다. 입을 수 있는 의복, 사먹을 수 있는 음식, 생활할 수 있는 주택의 종류도 그 사람의 세습적 신분에 따라 규정되었다. 황실과 궁정 귀족 밑에 신분 순으로 무사(사무라이), 농민, 공인, 상인의 네 가지 일본의 카스트였다.

다시 그 아래 사회 밖으로 추방당한 천민 계급이 있었다. 이러한 천민 계급 중에서 가장 수가 많고 저명한 것은 '에타(穢多)', 즉 터부시된 직업에 종사하는 사람들이었다. 그들은 청소부, 사형수를 매장하는 인부, 죽은 짐승의 가죽을 벗기는 사람, 가죽 제조 등을 업으로 하는 사람들이었다. 그들은 일본의 불촉 천민(不觸賤民:untouchables)이었다. 아니, 더 정확히 말하면 인간 축에 못 드는 자(uncountables)들이었다. 실제로 그들이 사는 부락을 통과하는 큰길의 이정표에는 그 지역의 토지나 주민이 전혀 존재하지 않는 것으로 간주되어 이정(里程) 속에 계산되지 않았다. 그들은 형편없이 가난했다. 그러한 직업을 영위하도록 허가가 주어지긴 했지만, 정식의 사회 조직 바깥에 방치되었던 것이다.

상인 계급은 천민 계급의 바로 위에 놓였다. 이 사실은, 미국인에겐 참으로 기이한 느낌을 주는 것이나, 봉건 사회에 있어서는 매우 실정에 맞는 일이었다. 상인 계급은 늘 봉건 제도의 파괴자였다. 실업가(實業家)가 존경받고 번영하게 되면 봉건 제도가 쇠퇴한다. 도쿠가와가 7세기에 어느 나라에서도 볼 수 없었던 가혹한 법률로써 일본의 쇄국을 선포한 것은 상인의 설 자리를 뺏기 위해서였다. 이 무렵 일본은 중국 및 조선의 연안 일대에 걸쳐 해외 무역이 성행하였고, 따라서 상인 계급이 발달 추세를 보였다. 도쿠가와는 일정한 한도 이상의 배를 만든다든가 운항하는 것에 대해 극형이라는 대죄(大罪)를 적용함으로써 이러한 추세를 막았다. 허가된 작은 배로써는 대륙간을 항해한다든가 상품을 싣고 다닐 수가 없었다.

국내 무역 역시 각 번의 접경에 관소(關所)를 설치하여 상품의 출입을 엄격히 통제했다. 그 위에 상인 계급의 사회적 지위를 낮추기 위한 목적으로 여러 가지 법률이 정해졌다. 사치를 금지하는 법령은 상인이 입는 옷, 가지고 다닐 수 있는 우산, 혼례나 장례식에 사용되는 비용 등을 규정했다. 그들은 사무라이와 같은 지역에서 살아서는 안 되었다. 그들은 특권적 무사 계급인 사무라이의 칼에 대해서 법률상의 보호를 받지 못했다. 상인을 낮은 지위에 묶어 두려는 도쿠가와의 정책은, 물론 화폐 경제에 있어서는 실현이 어려웠다. 당시 일본은 화폐 경제에 의해 운영되기 시작했으나 그것은 겨우 시험 단계에 있었다.

– 루스 베네딕트/김윤식, 오인석 옮김, 『국화와 칼』, 을유문화사, 1996, pp.72-73.

1) 중요한 단어를 찾아서 적어 보자.

2) 각 문단의 요지를 적어 보자.

1문단

2문단

3문단

4문단

3) 요약문을 써 보자.

2) 요약하기 원칙과 실제

요약하기는 학습뿐만 아니라 일상의 여러 측면에서 방대한 양의 정보를 제대로 이해하기 위해서 꼭 갖추어야 할 능력이다. 글을 읽으면서 핵심 내용과 세부 정보를 파악하여 의미 있게 요약하다 보면, 글 속의 중요한 용어와 개념을 이해하고 주요 정보를 파악하게 된다. 또한 학습량과 내용 이해에 대한 부담도 덜면서 읽고 이해하는 수준도 높일 수 있다. 요약하기의 규칙은 다음과 같다.

〈킨치(Kintsch)와 반 다이크(Van Dijk)가 제시한 요약 규칙〉

삭제의 원칙	▪ 중심내용과 뒷받침 내용을 구분하여 부차적인 것을 삭제한다. ▪ 중복된 내용이나 불필요한 부분을 삭제한다.
일반화의 원칙	▪전체적인 내용과 구체적인 내용을 아우를 수 있는 일반적인 진술로 바꾼다. ▪나열된 항목이나 내용을 포괄적인 것으로 대체한다. ▪어휘는 일반적이거나 공통된 특징을 제시하는 것으로 바꾼다.
선택의 원칙	▪뒷받침 내용 중에서 특히 중요하거나 주제와 연관성 있는 문장을 선택한다.
재구성의 원칙	▪글의 주장에 맞게 핵심 논거를 활용하여 전체 문맥에 따라 재구성한다.

요약하는 과정에서 주어진 정보의 중요성 여부를 따져보고 정보를 삭제하거나 정리한다. 또, 나열된 항목을 포괄적인 것으로 대체하고 주제를 자신의 문장으로 표현한다. 이 과정을 통해 글 전체 구조를 파악하는 독해력도 키울 수 있다.

좋지 못한 요약문

- 글의 내용을 중간중간 베끼거나 단순히 나열한 경우
- 주어진 글의 내용과 어긋나는 경우
- 관련이 적은 내용을 무리하게 결합하여 글의 응집성을 파괴하는 경우
- 지나치게 세부 사항에 집착하여 글의 논지를 놓친 경우

2. 보고서

보고서(報告書, report)는 어떤 분야에 관한 연구나 실험 또는 조사를 통해 수집한 새로운 정보와 지식을 효율적으로 전달하기 위하여 쓰는 글이다. 보고받는 사람, 즉 독자가 정해져 있는 글이므로, 보고하는 사람은 독자의 반응에 따라 그 능력을 인정받을 수 있다. 보고서는 특정한 일의 현황이나 그 진행사항 또는 조사 · 연구 · 검토한 결과를 보고하여 평가받거나 건의하려고 할 때 주로 사용한다. 따라서 보고하는 사람과 보고받는 사람 간의 소통이 중요하다. 보고받는 사람에 따라 보고서 작성자의 어휘 선택과 서술 태도를 달리해야 하는 것도 그 때문이다.

대학에서 자주 접하게 되는 보고서는 수강과목에 따라 주어지는 대학 리포트와 이공계 학생들에게 주로 부과되는 실험 보고서이다.

구분	특성
대학 리포트	대학의 교과과정에서 학생에게 부과되는 과제로, 학습 보고서 · 소논문 · 조사 및 연구 보고서
실험 보고서	이공계 학생들의 주요 학습방법인 실험의 과정과 결과를 정리하여 발표하는 문서

1) 대학 리포트

대학 리포트(report)는 대학의 교과과정에서 학생에게 부과하는 과제를 말한다. 수강과목에 대한 이해 정도를 확인하거나, 필요한 책이나 자료를 읽어 지식을 넓히고 관련 분야에 관심을 갖도록 하기 위해 부과한다. 리포트를 작성할 때는 다음 사항을 고려해야 한다.

- 교수자의 과제 부여 의도와 목적을 먼저 파악한다.
- 과제에 맞게 자료를 조사 · 정리한다.
- 자신의 지식과 생각을 바탕으로 작성하며, 인터넷 자료는 참고 자료로만 활용한다.
- 실험 보고서나 조사 보고서의 경우, 객관성 확보가 중요하다.
- 새로운 관점, 연구 방법, 연구 대상 등을 차별화하여 창의적으로 쓴다.
- 대학 리포트는 과제로서 평가의 대상이 된다는 점을 명심한다.

(1) 대학 리포트 작성 준비

① 자료 수집 · 정리

대학 리포트를 잘 쓰려면 무엇보다 주어진 과제의 성격을 정확히 파악하는 것이 중요하다. 그래야만 적절한 주제를 선택할 수 있고 이에 관련된 자료들을 효과적으로 수집 · 정리하여 완성도 있는 리포트를 작성할 수 있기 때문이다. 그러므로 자료를 수집할 때 과제에 필요한 자료 종류, 자료 활용 목적, 쉽게 찾을 수 있는 자료의 수준, 과제하는 데 주어진 시간 등을 고려한다.

문헌 자료	실험 및 관찰 자료	시청각 자료	설문 조사	통계 자료
▪ 단행본 ▪ 학술지 ▪ 학위 논문 ▪ 에세이 ▪ 연구 보고서 ▪ 조사 보고서 ▪ 웹사이트 ▪ 인터넷 게시물	▪ 실험 노트 ▪ 관찰 일기 ▪ 실험·관찰 계획서 및 보고서 * 기록한 자료는 문헌 자료에 포함될 수 있음	▪ 영화 ▪ 연극 ▪ TV 드라마 ▪ 음악 ▪ 그림 * 글을 쓸 때에는 문자 언어로 변환하는 과정이 필요함	▪ 일정한 조사표를 이용하여 다수의 사람에게 응답을 구하고 그 결과를 통계 자료로 나타낸 것	▪ 문헌 자료, 실험 및 관찰 자료, 시청각 자료, 설문 조사 등을 통해 얻은 자료를 숫자로 표시한 것 ▪ 여론조사기관이나 연구기관, 정부출연기관 등에서 발표한 통계 자료를 활용

자료를 수집하기 위해 학교 도서관의 전자정보원을 이용하면 학술연구정보서비스(RISS), 한국학술정보(KISS) 등의 자료를 쉽게 이용할 수 있다. 또 도서관에 비치된 학술지를 살펴보면 학술적 추세도 알 수 있고 주요 학술 논문들도 읽을 수 있다. 학술 논문을 참고하고자 한다면, 최근 10년 이내에 발표된 학술지 논문과 석·박사 학위 논문을 적극 활용한다.

이런 자료를 단행본, 학위 논문, 학술지 논문, 신문 기사, 인터넷 사이트, 영상 자료 등으로 분류하여 목록을 정리해 두면 리포트를 작성할 때 편리하다. 서지사항은 '저자(편자, 역자) 이름, 책 제목, 출판사, 발행연도'의 형식에 맞추어 작성한다.

② 자료 정리 및 개요 작성

수집한 자료를 정리하기 위해서 관련 주제에 맞게 화제 개요를 먼저 작성한다. 그런 다음 자료를 읽으면서 필요한 부분을 정리하면 내용을 구체적으로 구성하는 데 도움이 된다.

- 자료를 읽으면서 필요한 부분을 바로 정리하거나, 해당 부분을 표시해 두었다가 한꺼번에 정리한다.
- 본문에 그대로 가져다 쓸(직접 인용) 부분과 요약하여 쓸(간접 인용) 부분을 구분하여 정리한다.
- 자료를 정리하면서 반드시 서지 사항을 기록하되 가져다 쓸 내용이 있는 경우에는 면수도 적어 둔다.
- 출처를 밝히지 않고 자료를 인용하는 경우 표절이 될 수 있으므로, 자료 정리 내용과 자신의 생각은 구분하여 정리한다.

이렇게 정리한 내용을 토대로 개요를 작성한다.

(2) 대학 리포트 쓰기 절차

일반적으로 대학 리포트는 '표지, 목차, 본문, 참고 문헌' 순으로 구성된다.

① 표지와 목차 만들기

대학 리포트의 표지에 '제목', '과목명', '담당 교수', '제출일', 제출자의 '학과·학번·이름' 등을 적어 놓는다. 표지 없이 작성하는 경우에도 '제목'과 제출자의 '학과·학번·이름'은 반드시 밝혀 주어야 한다.

대학 리포트에서 표지가 있는 경우에는 표지 다음에 목차를 상세히 적어 두는 것이 좋다. 주로 '서론, 본론, 결론' 순으로 구성하고, 본론 부분에 장, 절 등의 하위 항목을 구분하여 적는다.

리포트

〈개인 정보 보호의 필요성〉

과목명:
담당교수명:
제출일:
제출자:

목차

1. 머리말

2. 개인 정보 침해와 유출의 심각성
   1) 개인 정보의 의미
   2) 개인 정보 침해의 유형과 원인
   3) 개인 정보 유출 현황과 피해

3. 마무리: 개인 정보 보호의 필요성

※ 참고문헌

○○○ 과목 리포트

〈개인 정보 보호의 필요성〉

학과____ 학번_____ 성명______

〈목 차〉
1. 머리말
2. 개인 정보 침해와 유출의 심각성
   1) 개인 정보의 의미
   2) 개인 정보 침해의 유형과 원인
   3) 개인 정보 유출 현황과 피해
3. 마무리 : 개인 정보 보호의 필요성
※ 참고문헌

1. 머리말

정보화 사회인 요즘 개인정보 유출이 많이 일어남에 따라 발생하는 여러 가지 피해들과 그에 대한 대응책을 모색함으로써 개개인의 개인 정보의 중요성의 대한 인식전환을 하여 개인 정보 유출 방지에 대하여 더욱더 힘쓰기 위함이다.

2. 개인 정보 침해와 유출의 심각성

1) 개인 정보의 의미

정보에도 많은 종류가 있지만 개인 정보(個人情報)는 개인에 관한 정보 가운데 각 개인을 식별할 수 있는 정보를 가리킨다. 식별 가능성이 없는 정보는 개인 정보로 보지 않는다. "개인을 식별할 수 있는 기록된 정보 중 주로 체계적으로 관리되고 이용되는 정보"를 말한다는 견해도 있다. 이러한 개인 정보 보호의 필요성을 살펴보면 크게 3가지 입장으로 나뉠 수 있다.

개인의 입장	기업의 입장	정부의 입장
1. 정신적 피해와 보이스피싱, 명의 도용 등 재산적 피해와 유괴, 스토킹 등 범죄의 노출	1. 정보 주체의 정보를 활용한 맞춤형 서비스 제공하여 가치를 창출	1. 현대사회의 통팔하기 위한 국가정보화의 필수
2. 본인이 의도하지 않게 자신의 온라인상 정보로 자신에 대한 사회적 평가에 부정적 영향	2. 유출 사고가 발생하면 기업이미지 실추, 고객이탈, 잠재고객 외면 불가피	2. 공공행정의 신뢰성, 국가브랜드 하락

〈상 : 겉표지가 있는 경우 / 하 : 겉표지가 없는 경우〉

② 본문 쓰기

서론에서는 과제의 성격에 맞게 리포트의 목적이나 중요성, 또는 주제 설정 이유 등을 설명한다.

본론은 작성자의 생각을 구체적으로 드러내는 부분이다. 따라서 정리한 자료를 적절하게 활용하여 주제의 범위 안에서 글을 논리적으로 써야 한다. 또 인용한 자료는 반드시 주석의 형식을 갖추어 출처를 밝혀준다.

결론은 본론의 내용을 요약·정리하거나 본론에서 다룬 문제의 해결방안을 제시하며 마무리한다.

③ 집필 및 퇴고

앞에서 설명한 본문 쓰기 내용에 유념하면서 다음 사항에 따라 리포트를 작성해 본다.

자료 입력	▪ 자료를 읽으면서 중요 항목에 따라 인용할 부분과 자신의 생각을 구분하여 컴퓨터에 입력·저장한다. ▪ 서술형보다는 중요한 주제어 중심으로 입력한다. ▪ 자신의 의견이나 판단은 별도로 표시한다.
초고	▪ 입력한 자료를 중심으로 여러 차례 읽으면서 초고를 구상한다. ▪ 각 항목마다 필요한 내용과 원고 매수를 계산한다.
글쓰기 방법	▪ 문장은 정확성·간결성·평이성의 원칙을 따른다. ▪ 각종 표기법과 숫자에 주의한다. ▪ 정확한 어휘를 사용하고 이해하기 쉽게 표현한다. ▪ 표준어와 통일된 용어를 사용하고 부가 설명은 되도록 삼간다. ▪ 아무리 중요한 것이라도 본문과 관련이 없으면 과감하게 버린다. ▪ 주관적이고 감정적인 표현과 최상급 표현은 삼간다. ▪ 하나의 단락에는 하나의 중심 화제만을 다룬다. ▪ 앞의 단락과 뒤의 단락을 연결하면서 전개한다. ▪ 단락의 중심어를 첫머리에서 표현하는 것이 바람직하다. ▪ 단락의 끝부분은 그 단락을 마무리하는 문장으로 마친다.

도표	▪ 조사, 통계 등의 자료를 이용할 때 도표를 본문에 배치한다. ▪ 정확한 자료에 근거한다. ▪ 자료의 출처를 명확히 밝힌다. ▪ 도표는 전후, 상호 간에 정확하게 들어맞도록 작성한다.
인용 표기	▪ 의미, 인용, 내용의 근거가 되는 문헌 상의 출처는 표시한다. ▪ 종류 · 위치에 따라 각주나 미주로, 내용에 따라 참조주나 내용주로 표시한다. ▪ 학교나 관련 학문 분야에서 공통으로 사용하는 양식이 있으면 그에 따라서 작성한다.
참고 문헌 작성	▪ 본문에 인용된 참고 문헌은 참고 문헌 목록에 반드시 제시해야 한다. ▪ 국문으로 된 문헌을 먼저 적고, 외국 문헌은 그 뒤에 알파벳 순서로 정리하여 표기한다. ▪ 동일한 저자의 문헌이 여러 개 있을 경우 연도순으로 표기한다. ▪ 동일한 저자의 단독 집필 문헌과 공동 집필 문헌이 있을 경우에는 단독 문헌을 먼저 제시한다. ▪ 저자가 3인 이하일 경우 일정한 순서에 따라 모두 밝혀 주고, 4인 이상일 경우에는 대표 저자 2~3인만 적고, 나머지는 '외(外)'로 표기한다. ▪ 논문 또는 단행본의 저자명은 성과 이름을 기재해야 하며 동일 저자의 다른 논문 또는 단행본이 계속하여 나오는 경우에는 저자명 부분을 밑줄로 표시할 수 있다. ▪ 학회지나 발행처의 편집규정 및 지침에 따르는 것을 원칙으로 한다.

연습

※ 실제로 주어진 과제나 관심 있는 주제에 맞추어서 자료를 수집·정리한 후 리포트 한 편을 작성해 보자.

제목 :		
학과 :	학번 :	성명 :

2) 실험 보고서

실험 보고서는 구체적인 대상을 정하여 실험한 후 그 과정과 결과를 정리해서 발표하는 글이다. 실험은 이공계 학생들에게 필수적인 학습 방법이다. 실험 과정에서 다양한 도구를 사용함으로써 조작 능력을 기르고 기술적인 정보도 얻을 수 있다. 또한 전공에 대한 학습적 흥미와 생동감을 느끼면서 자연스럽게 성취감과 학습 동기도 높일 수 있다. 이러한 실험 과정을 점검하고 그 결과에 대하여 평가하는 절차로서 필요한 것이 실험보고서다. 실험 보고서는 학생들의 실험 성과를 평가하는 도구이자 지속적인 연구의 밑바탕이 될 뿐만 아니라, 다른 연구자와 학문적 교류도 할 수 있게 해 준다. 실험 보고서 작성 절차는 다음과 같다.

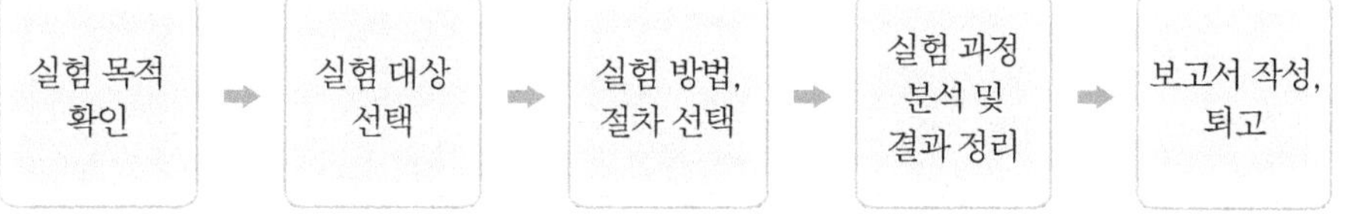

실험을 위해서는 과제의 목적과 이론에 대한 선행 학습이 필요하다. 이를 바탕으로 실험 과정을 예측하여 실험 계획을 세우고, 실험 과정을 분석하면서 일지로 꼼꼼하게 작성한다. 이후 실험 과정과 분석 결과를 정리하여 실험 보고서를 작성한다.

(1) 실험 계획서

실험 계획서를 쓸 때에는 과제의 목적과 실험하고자 하는 대상에 대한 정보 및 이론적 배경을 구체적으로 적어야 한다. 또한 실험 후 예상되는 결과 및 시사점도 별도로 적어놓는다.

구 성	내 용
실험 제목	
실험 목적	
이론적 배경	
실험 원리 및 가설	
실험 방법 및 일정	
예상되는 결과 및 시사점	
참고 문헌	

(2) 실험 일지

실험 보고서를 효과적으로 쓰려면 결과에 대한 가설을 미리 세워 두고, 이론적 근거를 바탕으로 가설을 확인하는 과정 자체가 중요하다. 그러므로 실험을 할 때에는 노트(laboratory notebook)를 마련하여 실험 과정을 정확하게 기록해 두는 습관을 갖도록 한다.

실험 일지(experiment daily record)에는 일정한 조건에 따라 변화되는 데이터를 기록한다. 이때 얻은 각종 데이터를 근거로 하여 보고서를 쓸 수 있다. 그런 만큼 일지를 쓸 때는 작은 변수나 실험의 오차, 자신의 생각 등을 꼼꼼하게 적어야 한다. 당시에는 별일 아닌 것처럼 보였던 일이 실험 결과에 결정적 영향을 미칠 수 있기 때문이다. 다른 영역은 물론 과학적 글쓰기에 서 꼼꼼한 기록과 치밀한 계획은 오류를 줄일 수 있는 가장 기본 사항이다. 이렇게 기록한 사항들은 보고서를 작성할 때 신뢰도를 높이고 오류를 줄이는 데 도움이 된다. 실험 일지 작성 요령은 다음과 같다.

① 노트나 보안용 컴퓨터 파일에 작성한다.
② IMRAD 형식을 따른다 : 서론(Introduction), 재료 및 방법(Materials and Methods), 결과(Results), 논의 혹은 토의(And Discussion)로 구성된 글쓰기 방식이다. 실험 일지에서 서론은 실험한 날짜, 실험 번호, 실험 장소, 실험자, 실험 제목과 목적 등이다. 재료 및 방법은 실험에 사용하는 기구, 시약, 자세한 실험 방법, 계산식이나 통계 처리 방법 등이며, 결과는 실험 및 관찰 결과, 대략적인 자료 해석 및 결론이고, 논의 혹은 토의는 개선 방향 및 향후 실험 방향이 해당된다.
③ 한 면에 일지를 쓰고, 다른 한 면은 계산 또는 메모를 위해 비워 두면 최종적으로 정리할 때 편리하다.
④ 실험 당일에 작성하는 것을 원칙으로 한다.

(3) 실험 보고서의 구성과 내용

실험 보고서는 일반 보고서와 달리 실험에 필요한 기구와 장치를 제시하고, 순서에 따라 실험 과정을 써야 한다. 필요하다면 실험 기구와 장치에 관한 시각적 자료를 첨부할 수 있다. 그림이나 도표를 활용하여 실험 내용을 효과적으로 전달하는 것도 좋다. 특히 실험 및 관찰의 결과를 한눈에 알아볼 수 있도록 그래프나 차트를 활용해 보자.

구분	구성	작성 항목 및 요령
1	겉표지	실험 제목, 제출 일자, 제출자
2	목차	본문의 목차
3	실험 제목	▪ 제목 ▪ 실험 일시 및 실험 환경 ▪ 공동 실험자
	실험 목적	이 실험에서 측정하고자 하는 것은 무엇인가, 궁극적으로 우리가 관측하여 검증하고자 하는 사실은 무엇인가를 각각 열거한다.
	이론적 고찰	실험 목적을 달성하기 위해 사용하는 용어나 개념의 정의, 실험에 사용되는 물리량과 측정에 관련된 수식의 유도 등을 자세히 기술한다.
	실험 준비물	실험에 사용한 장비의 모델명(spec), 용량, 수량 등을 자세히 기록한다.
	실험 방법	실험 과정을 순서대로 번호를 붙여 가면서 열거한다.
	실험 결과	실험 결과를 일목요연하게 볼 수 있도록 도표를 이용하여 정리한다.
	고찰 및 결론	실험 목적에서 고찰하고자 했던 내용에 대한 구체적인 결론을 쓴다. * 실험에 대한 감상이나 개인적인 생각을 쓰는 것이 아니다.
	참고 문헌	보고서 작성을 위하여 인용한 각종 서적 및 자료에 대한 사항을 일련번호를 붙여 차례대로 적는다. 예 1) 김우현 · 손창수 · 백남우, 『전자회로』, 복두출판사, 2012.

3. 논문

1) 논문이란?

논문이란 연구 논문(research paper)을 말하며, 전공 분야에서 거둔 학문적 연구 성과를 일정한 양식에 맞추어 객관적·논리적으로 정리한 글이다. 그러므로 논문은 어떤 대상을 논리적 방법으로 깊이 연구하여 새로운 사실을 발견하고, 그 사실에 대하여 합리적으로 설명하는 데 목적이 있다.

보고서가 사실적인 자료를 정리하면서 정보를 분석·이해하여 지식의 수준을 높이는 차원에서 이루어진 것이라면, 논문은 이를 체계적으로 연구하여 학문적인 성과를 거둘 수 있도록 한 것이다. 논문은 제출 목적과 분량에 따라 학술 논문, 공모전 논문, 졸업 논문 등으로 구분한다. 논문을 잘 쓰기 위해서는 논문 제출처에서 요구하는 양식을 먼저 이해하고 따르는 것이 중요하다.

2) 논문의 기본 요소

논문은 새로운 논리를 발견하고자 전개한 지적 영역의 확장 노력과 과학적인 연구 성과를 보여주는 증거물이다. 특히 논문은 개인적인 글이라기보다 관련 학문 분야에서 인정받아야 하는 공적인 글이라고 할 수 있다. 그러므로 관련 분야에서 공통으로 요구하는 내적·외적 기준과 형식에 따라야 한다.

(1) 논문의 기본원칙과 조건

입론의 독창성	주장하거나 판단하는 취지 또는 체계가 뚜렷하며, 선행 연구들을 뛰어넘는 새로운 내용과 형식을 갖추어야 한다.
논지의 명쾌성	주장이나 판단이 실증적 근거와 합리적인 논지 전개에 의하여 검증이 될 수 있고 설득력을 인정받아야 한다.
논증의 타당성	주장이나 판단을 뒷받침하는 근거를 들어 실질적으로 검증함으로써 설득력을 확보하고 공적으로도 보편성을 인정받아야 한다.
구성의 통일성	논문을 구성할 때 복잡한 부분은 항목별로 순서를 정한 후 체계적으로 단락을 정리하여 최후의 결론에 이르러야 한다.
과정의 검증성	논증 과정에 대하여 타당성을 인정받을 수 있어야 한다.
연구의 윤리성	논문에서 자신의 주장과 인용 부분을 명확히 구분하고, 그에 대한 주석과 출처를 구체적으로 달아 학문적 양심을 지킨다.

(2) 논문의 체제

서두	▪ 표지 ▪ 목차(필요 시, 표 목차, 그림 목차도 포함) ▪ 국문 요약 ▪ 영문 초록(필요 시, 서두 또는 마무리에 수록)
본문	▪ 서론 : 문제 제기 및 연구 목적, 기존 연구 검토 ▪ 연구 방법 : 실험 · 관찰 · 조사 방법 ▪ 연구 내용 : 실험 · 관찰 · 조사 과정, 결과 및 고찰 ▪ 결론
마무리	▪ 참고 문헌 ▪ 부록 및 색인(필요 시)

3) 논문 준비 및 작성

(1) 논문 준비

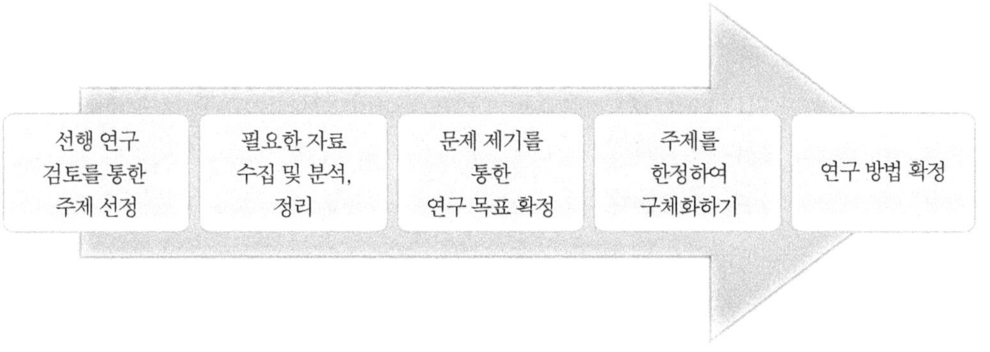

① 논문의 주제 선정

전공이나 관심 분야에 대한 학문적인 의미를 고려하여 논문의 주제를 정하는 것이 좋다. 그러기 위해서는 관심 있는 주제를 다룬 최근 논문부터 읽는다. 읽은 논문들 중에서 이론 학습이나 실험을 통하여 검증하고 싶은 주제가 있는지 살펴본다. 이때 동일한 현상이나 대상을 다루는 데는 다양한 방법이 있다는 점을 명심하면서 오류를 찾아본다.

논문의 주제는 자신에게 흥미 있고, 깊이 있게 다룰 만한 문제여야 한다. 자료 수집이나 참신한 논의 전개 및 명확한 결론 도출이 가능한 주제를 선택하여 관련 자료를 확보한다. 그리고 자료를 읽으면서 주제에 대한 판단을 명확히 한다면 합리적이고 통일된 논지로 압축할 수 있다.

② 자료 수집 및 분석·정리

논문을 작성하려면 주제에 관련된 자료를 수집하여 논문에 활용할 수 있게 정리해야 한다. 이공계 분야에서는 실험과 관찰, 측정, 조사 등의 방법을 통하여 자료를 수집해야만 본문을 쓸 수 있다. 따라서 자료 수집 과정과 수집한 자료의 성격을 꼼꼼하게 기록해 두어야 한다. 실험 및 관찰 데이터는 표나 그래프 또는 통계 등으로 표현하면 정리하기 편리하다.

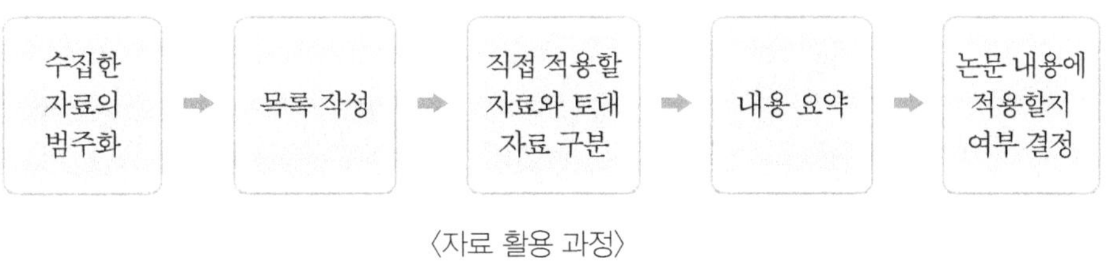

〈자료 활용 과정〉

또한 관련 자료 목록집이나 연구물 중 연구사 혹은 연구 성과를 정리한 논문 등은 최신 것으로 확보하는 것이 좋다. 이렇게 수집한 자료를 읽으면서 분석·평가하려면, 먼저 관심 주제에 대한 인식을 명확히 해야 한다. 이론 중심의 참고 문헌을 통하여 문제의식과 당면 과제를 구분한 후, 논문의 목적과 필요를 만족시킬 수 있는 연구 방법을 선택한다. 그런 다음, 선행 연구 및 관련 자료를 조사·검토하면서 정리한 내용을 토대로 결론을 이끌어 낸다. 또, 선택된 결론을 검증하기 위해 다각적인 시각으로 문제에 접근하면서 평가하고 연구 내용을 재정리하는 작업도 필요하다.

③ 개요 작성

논문은 주제 선정과 자료 수집 및 분석, 정리를 거쳐 구체적으로 계획한 내용을 개요로 작성한 다음, 초고 집필 후 피드백을 받는 순으로 전개한다.

이공계 학술 논문의 개요 예	인문사회계 학술 논문의 개요 예
I. 서론 - 효율적인 센서 전용 프로세서의 가속기 개발의 필요성 II. 본론 1. 기존 하드웨어 구조 분석 2. 가속기 개발 제안 내용 III. 실험 및 고찰 - 제안한 가속기의 검증 결과와 구현 방법의 유효성 소개 IV. 요약 및 결론 - 제안한 가속기의 유효성과 개발의 의의 강조	I. 서론 1. 연구 목적 : 영화〈설국열차〉와 원작의 비교를 통한 문화콘텐츠의 미래 전망 2. 연구 방법 : 장르적 특성과 스토리텔링 방식 분석 II. 원작 〈설국열차〉의 콘텐츠적 요소 1. 원작의 내용 분석 : 원작만화〈설국열차〉의 내용 분석 2. 스토리텔링적 요소 : 원작의 스토리텔링적 요소 분석을 통한 콘텐츠적 가치 해석 III. 영화 〈설국열차〉의 스토리텔링 1. 스토리텔링 구상 전략 : 영화 〈설국열차〉의 기획 및 스토리텔링 전략 2. 영화화 전략 : 영화 〈설국열차〉 시나리오의 플롯·캐릭터·공간 전략 IV. 결론 - 〈설국열차〉 원작과 영화의 장르적 차이와 스토리텔링 분석의 의의 소개

연습

※ 관심 있는 주제의 논문을 찾아 읽고, 아래 양식에 맞게 작성해 보자.

논문 제목	
출처	
핵심어	
개요	

개요	

(2) 논문 작성 방법

① 논문 표지

논문 제목은 국·한문으로 하고 가운데에 쓴다. 부제는 붙이지 않는 것이 바람직하다. 논문의 영문 제목도 같이 쓴다.

논문의 제목은 전체 내용을 포괄적이면서도 구체적으로 드러내야 한다. 이때 제목은 연구의 목적과 관련되어야 한다. 때문에 연구의 성격을 분명히 분석하고, 그 성격에 부합하는 글쓰기를 완료한 후 제목을 짓는 것도 좋다.

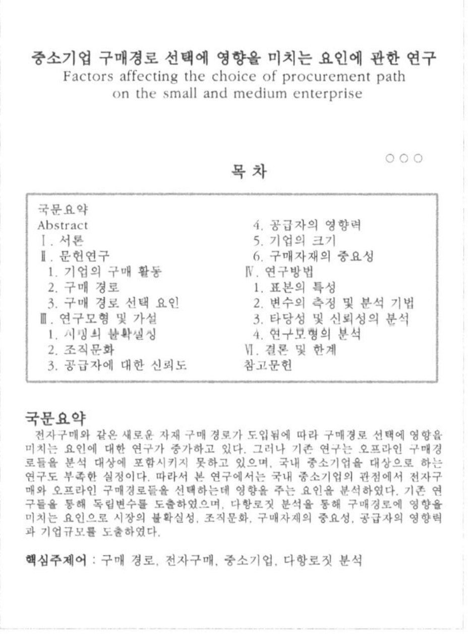

중소기업 구매경로 선택에 영향을 미치는 요인에 관한 연구
Factors affecting the choice of procurement path on the small and medium enterprise

○○○

목 차

국문요약	4. 공급자의 영향력
Abstract	5. 기업의 크기
Ⅰ. 서론	6. 구매자재의 중요성
Ⅱ. 문헌연구	Ⅳ. 연구방법
1. 기업의 구매 활동	1. 표본의 특성
2. 구매 경로	2. 변수의 측정 및 분석 기법
3. 구매 경로 선택 요인	3. 타당성 및 신뢰성의 분석
Ⅲ. 연구모형 및 가설	4. 연구모형의 분석
1. 시장의 불확실성	Ⅵ. 결론 및 한계
2. 조직문화	참고문헌
3. 공급자에 대한 신뢰도	

국문요약

전자구매와 같은 새로운 자재 구매 경로가 도입됨에 따라 구매경로 선택에 영향을 미치는 요인에 대한 연구가 증가하고 있다. 그러나 기존 연구는 오프라인 구매경로들을 분석 대상에 포함시키지 못하고 있으며, 국내 중소기업을 대상으로 하는 연구도 부족한 실정이다. 따라서 본 연구에서는 국내 중소기업의 관점에서 전자구매와 오프라인 구매경로들을 선택하는데 영향을 주는 요인을 분석하였다. 기존 연구들을 통해 독립변수를 도출하였으며, 다항로짓 분석을 통해 구매경로에 영향을 미치는 요인으로 시장의 불확실성, 조직문화, 구매자재의 중요성, 공급자의 영향력과 기업규모를 도출하였다.

핵심주제어 : 구매 경로, 전자구매, 중소기업, 다항로짓 분석

〈학술지 논문의 표지〉

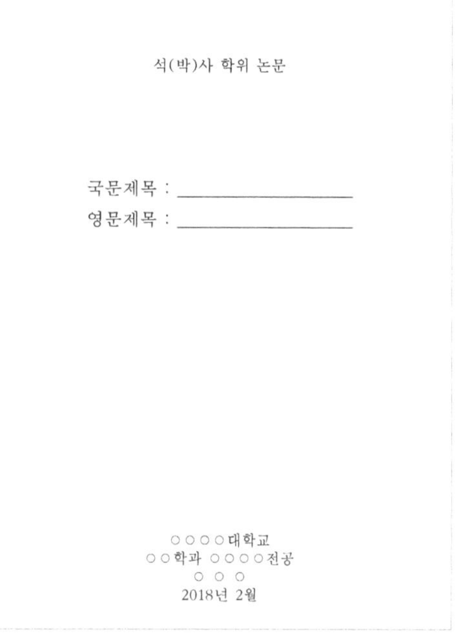

석(박)사 학위 논문

국문제목 : ____________

영문제목 : ____________

○○○○대학교
○○학과 ○○○○전공
○ ○ ○
2018년 2월

〈학위 논문의 표지〉

② 목차

범주를 명확히 구분하는 것이 가장 중요하다. 이를테면 서론, 본론, 결론 앞의 문자를 로마자로 썼다면 그 하위 항목은 아라비아 숫자로 써야 한다. 또 상위 항목에서 하위 항목으로 내려갈 때는 들여쓰기를 해서 상위 항목과 하위 항목을 명확히 구분해야 한다. 학문 영역별로 목차를 작성하는 방법이 다를 수 있지만 모든 목차의 위계화는 필수다.

목차의 각 제목은 본문의 해당 제목과 일치하게 하고, 제목에 해당하는 본문의 쪽 번호를 기재한다.

목 차

국문요약
Abstract
Ⅰ. 서론
Ⅱ. 문헌연구
1. 기업의 구매 활동
2. 구매 경로
3. 구매 경로 선택 요인
Ⅲ. 연구모형 및 가설
1. 시장의 불확실성
2. 조직문화
3. 공급자에 대한 신뢰도
4. 공급자의 영향력
5. 기업의 크기
6. 구매자재의 중요성
Ⅳ. 연구방법
1. 표본의 특성
2. 변수의 측정 및 분석 기법
3. 타당성 및 신뢰성의 분석
4. 연구모형의 분석
Ⅴ. 결론 및 한계
참고문헌

〈이공계 학술 논문 목차〉

목 차

국문요약
Ⅰ. 서론
1. 연구 목적
2. 연구 방법
Ⅱ. 원작 〈설국열차〉의 콘텐츠적 요소
1. 원작의 서사 전략
2. 스토리텔링적 요소
Ⅲ. 영화 〈설국열차〉의 스토리텔링
1. 스토리텔링 구상 전략
2. 영화화 전략
Ⅳ. 결론
참고문헌
Abstract

〈인문 · 사회계 학술 논문 목차〉

③ 논문 요약

논문 요약은 논문의 내용을 간결하고 포괄적으로 요약한 것으로 독자가 논문의 내용을 쉽게 파악할 수 있도록 작성한다. 주로 국문 초록(요약)과 영문 초록(Abstract)을 작성한다.

실험 연구일 경우에는 연구 문제, 실험자의 수·유형·연령·성과 같은 피험자의 특성, 실험 도구, 자료 수집 절차 등을 포함한 실험 방법, 통계적 유의 수준을 포함한 결과, 결론과 시사점 등을 포함한다.

이론 연구일 경우에는 주제를 비롯하여 논문의 목적, 이론 구성, 연구의 범위, 출처, 결론과 시사점 등을 포함한다.

정보통신기술을 활용한 고령층의 사회참여활동 촉진을 위한 서비스 모델 개발

이재광 · 박창제 · 안동희 · 김은정

국문초록

본 연구는 고령층의 ICT를 활용한 사회참여활동을 촉진시키기 위한 서비스 모델을 개발하고 고령층의 삶의 질을 제고시키기 위한 정보문화활성화 방향을 제시하는 것을 목적으로 한다. 모델개발을 위해 노인복지 및 ICT 분야 전문가 및 고령층에 대하여 설문조사를 하였다. 참여한 전문가는 정부 및 지자체 10명, 산업계 5명, 관련 기관 및 단체 14명 등 전체 35명이었다. 고령층은 전국 55세 이상 대상으로 설문조사를 하였는데 수집한 설문지 중에서 336부가 본연구의 표본으로 사용되었다. 분석방법은 계층적 분석기법(Analytic Hierarchical Process)을 활용하였다. 첫째, 고령층 디지털 콘텐츠 및 서비스를 개발한다. 둘째, 고령층을 위한 SeniAll-life 서비스 프로그램을 개발한다. 셋째, 고령층 정보문화센터 사업을 개발한다.

• 주제어: 정보통신기술, 고령층의 사회참여활동, 고령층 정보문화 활성화

〈국문 초록〉

Abstract

Development of Service model to Promote Older Adults' Social Activity Participation with Information & Communication Technology

Lee, Jae Kwang
Park, Chang Je
Ahn, Tony Donghui
Kim, Eun Jung

The purpose of this study is to develop service models to promote older adults' social activity participation utilizing ICT and suggest information culture promotion directions to improve life quality of older adults. To develop service model, 35 experts majoring in social welfare and ICT were drawn and surveyed. And older adults were surveyed and data for 336 older adults were for this study. It was analysed by utilizing AHP(analytic hierarchical process). Models were designed as follows with results of this study. First, to develop digital contents and service for older adults. Second, to develop SeniAll-life service programs for older adults. Third, to develop information culture center programs for older adults.

• Key Word: information & communication technology, older adults' social activity participation, information culture promotion of older adults

〈영문 초록(Abstract)〉

④ 본무

학위 논문에서 사용하는 용어는 국문(국 · 한문)을 원칙으로 한다. 외국어는 ( ) 속에 표기할 수 있다. 국문 또는 한문으로 표현할 수 있는 외국어 단어는 국문 또는 한문으로 표기한다. 쪽 번호는 하단 중앙에 아라비아 숫자로 표기한다. 본문 원고의 편집 용지 설정은 소속 대학의 일반적 형태를 따른다.

서론은 앞으로 어떤 연구를 할 것인지 독자에게 안내하는 과정이다. 서론은 보통 전체 논문 분량의 10~15% 내로 작성한다. 원고지 100매를 기준으로 한다면 10매 정도를 작성하면 된다. 서론에는 '문제 제기', '연구의 목적', '연구의 방법', '선행 연구 검토'가 들어가야 한다. 여기서 선행 연구는 해당 논문이 다른 논문과 어떤 차별성을 가지고 있는지를 보여주는 과정이다. 서론은 미래형으로 작성하며, '~을 밝히는 데 그 목적이 있다' 등과 같은 말을 넣는 것이 좋다.

본론 쓰기에서는 신뢰성과 객관성을 갖춘 정보를 제시하는 것이 중요하다. 자신이 직접 실험하거나 관찰한 것이 아니라면 정보의 출처를 정확히 밝혀야 한다. 논문은 특정한 대상이나 아이디어를 다양한 관점으로 밝혀 보는 것이기 때문에 본론은 하나의 장으로 구성될 수 없으며 보통 2~3장 정도로 구성해야 한다. 본론은 전체 분량의 70~80%로 작성한다.

결론은 서론과 비슷하거나 약간 적은 분량으로 작성한다. 이때 결론은 본론의 내용을 요약하는 역할을 해야 한다. 여기에 남은 과제나 결론에 대한 전망 등을 추가로 제시한다. 결론은 '~했다', ' ~해 보았다'와 같이 과거형이나 완성형으로 작성한다.

서론	▪ 연구 목적, 연구 내용, 방법, 연구의 문제, 연구의 제한점 등이 포함된다. ▪ 문제 제기, 연구 대상에 대한 한정과 설명, 연구의 배경, 연구의 목적 및 필요성, 의의 등으로 전개한다. 선행 연구사를 포함한다. ▪ 본격적인 논의에 앞서 앞으로 진행될 논의를 소개하는 부분이므로 전문적인 용어 사용을 자제한다. ▪ 인용이나 주석을 다는 것도 자제한다.
본론	▪ 문헌 연구의 이론적 배경 부분과 실증적 연구 부분으로 구분하여 논리적·조직적·체계적으로 전개한다. ▪ 인용문에 대한 각주는 성실하게 기재해야 하며, 도표나 그림은 가능한 한 창의적으로 고안하여 사용한다. ▪ 인칭은 삼인칭을 사용하며 용어와 어구를 간결하게 쓴다.
결론	▪ 결론은 논문의 마무리이므로 연구의 중요한 결과 또는 발견 사항을 기재하며, 앞으로 계속 연구해야 할 문제를 제시한다. ▪ 연구 결과에 따라서 제언 또는 건의 사항을 제안할 수 있다.

학위 논문의 경우, 분야별로 본문 구성에 필요한 보편적인 규칙을 정해놓고 있다. 특히 자연과학 분야는 광범위하므로 학문의 성격에 따라 각 분야의 독특한 본문 양식을 사용하기도 한다.

⑤ 인용과 주석 달기

글을 쓸 때 인용과 주석을 다는 것은 기본이다. 과제와 결과물로서 평가받아야 하는 보고서나 논문인 경우 인용 자료나 보충 설명의 출처와 서지 사항을 정확히 밝혀야만 표절 의혹에서 벗어날 수 있다.

인용(引用, quotation)은 다른 사람의 저작물을 내 글 속에 끌어 쓰는 것으로, 적절한 인용을 최소로 하여 최대의 효과를 거두는 것이 중요하다. 한편 주석(註釋, annotation)은 자신의 주장이나 설명을 뒷받침하기 위하여 활용한 자료의 서지 사항을 정리하는 것이므로, 본문과 분리하여 표기하는 것이 좋다.

• 인용과 주석의 유형

<table>
<tr><th>구분</th><th colspan="3">유형</th><th>내용</th></tr>
<tr><td rowspan="2">인용</td><td colspan="3">직접 인용</td><td>▪ 원문을 그대로 옮겨 쓰는 것
▪ 인용 부분을 큰따옴표(" ") 안에 그대로 옮겨 적고 따옴표 뒤에 각주 번호를 달아 출처를 표기하는 것이 원칙</td></tr>
<tr><td colspan="3">간접 인용</td><td>▪ 참고한 자료를 자신의 문장으로 바꾸거나 요약하여 쓰는 것
▪ 원문과 글쓴이의 생각이 구분되는 지점에 각주 번호를 붙이고 출처를 밝힐 것
▪ 원문을 다시 자신의 문체로 표현하는 과정이기 때문에 표절에 특별히 주의할 것</td></tr>
<tr><td rowspan="5">주석</td><td rowspan="3">위치에 따라</td><td rowspan="2">각주</td><td>내각주</td><td>▪ 본문 중에서 인용 또는 보충 설명 부분 옆에 괄호( )를 넣어 그 속에 표기하는 것(=본문주)</td></tr>
<tr><td>외각주</td><td>▪ 본문의 어떤 부분의 뜻을 보충하거나 풀이한 글을 본문의 아래쪽에 따로 단 것</td></tr>
<tr><td colspan="2">미주</td><td>▪ 본문의 장 끝이나 글 마지막에 한꺼번에 단 것</td></tr>
<tr><td rowspan="2">내용에 따라</td><td colspan="2">내용주</td><td>▪ 본문의 설명을 보충한 것</td></tr>
<tr><td colspan="2">참조주</td><td>▪ 인용한 자료의 출처를 제시하거나 논문의 각 부분 사이의 관련성을 나타내는 데 사용</td></tr>
</table>

논문이 신뢰성을 얻기 위해서는 근거로 활용한 자료가 믿을 만하다는 것임을 입증할 수 있도록 인용의 출처와 주석을 정확하고 꼼꼼하게 정리하여 붙여 주어야 한다. 세부 전공에 따라 다소 차이가 있지만 일반적으로 이공계열에서는 내각주와 미주를, 인문·사회계열에서는 외각주와 내각주를 많이 사용한다.

• 주석 표기 실제

외각주의 예

과학적 사고의 둘째 요소는 '지식의 정량화'다. 무거운 물체가 가벼운 물체보다 먼저 떨어진다는 갈릴레이의 생각이 바로 '정량적 사고'를 통해 모순[1]을 드러내었기 때문이다.

1) 예를 들어, 무거운 물체와 가벼운 물체를 묶어서 떨어뜨리면 어떻게 될까? 두 물체를 묶으면 따로따로 떨어뜨릴 때보다 더 무거워지기 때문에 더 빨리 떨어져야 한다. 이것이 바로 '정량적 사고'에서 비롯된 것이다.(최무영, 『최무영 교수의 물리학 강의』, 책갈피, 2008, p. 22 참조)

내각주의 예

과학적 사고의 둘째 요소는 '지식의 정량화'다. 무거운 물체가 가벼운 물체보다 먼저 떨어진다는 갈릴레이의 생각이 바로 '정량적 사고'를 통해 모순을 드러내었기 때문이다. 두 물체를 묶으면 따로따로 떨어뜨릴 때보다 더 무거워지기 때문에 더 빨리 떨어져야 한다. 이것이 바로 '정량적 사고'(최무영, 2008, p. 22)에서 비롯된 것이다.

미주의 예

V. 결론

본 연구는 고령층의 ICT를 활용한 사회참여활동을 촉진시키기 위한 서비스 모델을 개발하고 고령층의 삶의 질을 제고시키기 위한 정보문화 활성화 방향을 제시하는 것을 목적으로 한다.

이러한 연구목적에 따라 고령층의 사회참여활동유형별로 ICT를 활용한 8개의 서비스 모델을 개발하였으며, (중략) 각 서비스 모델이 실행될 경우 참여의사에 대해 평가하였다. 이러한 평가 결과를 종합한 결과, "고령층 콘텐츠 개발 및 서비스 사업", "고령층을 위한 SeniAll-life 서비스 사업", "고령층을 위한 정보문화 센터 사업"이 우선 추진 서비스 모델로 선정되었다. (중략)

향후 연구과제로서는 우선 추진 서비스 모델의 사업 타당성 분석을 포함한 세부 추진전략 수립 등 사업 추진을 위한 서비스 모델의 구체화를 위한 연구가 필요하다. 또한 정보통신기술이 사회참여활동 수준에 영향을 미치는 요인분석 및 사회참여활동 활성화 방안 등 고령층의 정보통신기술 활용에 관한 기초 연구가 필요하다.

〈미주〉

1) 안광호, 채서일 (1993), "Multinomial Logit 모델을 이용한 점포선택행위에 대한 실증연구", 「경영학연구」, 제22권, 제2호(6월), pp. 101-120.
2) Anderson, M. G. and P. B. Katz (1998), "Strategic Sourcing," International Journal of Logistics Management Vol.9, No.1, pp.1-13.

내용주의 예

또한 신소재의 활용은 '경계의 붕괴(Breaking Boundaries)[3]'의 개념과 동반되어 새로운 영역을 개척하는 것으로 미래에 적극적으로 임하는 태도를 일컫기도 한다.

3) '경계의 붕괴'라는 트렌드는 디자인 개발에 있어 피상적인 접근법에서 벗어나 물리적 소재 등으로 분절된 경계를 뛰어넘어 한 차원 높은 심리적 접근방식을 가능케 하는 경향을 일컫는다. 경계의 붕괴로 인해 여러 대립항들-지역적인 것과 세계적인 기술과 철학, 육체와 정신 등-의 변형이 나타나거나 상호연계하기 때문이다.

참조주의 예

결국 글쓰기는 단순한 의사 소통, 혹은 글쓰기에 대한 기초와 같은 지엽적인 문제를 넘어서 보다 폭넓은 사유와 비판적 인식, 그리고 사회 정치적인 도덕적 사유로까지 그 범위가 확장[39]되어 있다는 점을 확인할 수 있다. 또한 '단순한 글쓰기 능력이 아닌 "효과적으로 의사를 전달할 수 있는 능력"[40]을 갖춰야 한다.

39) 일리노이대학교 공대 학생들은 글쓰기 강좌를 필수적으로 2과목 이상 이수한다. 그리고 공대 전공과 관련 없는 경영의사소통, 기술적 의사소통, 인문사회전공과목 등 심화 작문과 커뮤니케이션을 위수로 하는 과목들도 심화 글쓰기 강좌이다. 이는 글쓰기 교육은 모든 교과목을 통해 이루어져야 한다는 미국 대학의 교육방침을 반영한 예이다.(자세한 사항은 정현숙, 「미국과 한국의 이공계 대학 글쓰기 교육 비교」, 『語文硏究』 62, 어문연구학회, 2009 참조.)

40) 박권수, 「이공계 과학글쓰기 교육을 위한 강의 모형-연세대학교의 '과학글쓰기'를 중심으로」, 『작문연구』 2호, 2006, p. 39.

주석에서 출처를 제시할 경우에는 단행본 도서인지 논문인지를 구분하여 제시하는 것이 기본이다.

구분	구성
단행본	① 필자명 ② 도서명 ③ 출판사명 ④ 출판연도 ⑤ 참고한 쪽수
학술 논문	① 필자명 ② 논문 제목 ③ 학술지명 ④ 권·호수 ⑤ 발행 연월일 ⑥ 참고한 쪽수

문헌에 대한 표시에는 일반적으로 번호 체계를 사용한다. 본문에서 인용 부분에는 1), 2) 또는 〔1〕, 〔2〕 등과 같이 인용 순서에 따라 일련번호를 붙인다. 이렇게 표시된 인용 문헌의 상세한 서지정보가 논문 끝에 붙이는 참고 문헌 목록에 나타나게 되므로, 반드시 인용 번호 순으로 적는다. 왜냐하면 이공계열 논문에서는 본문 인용 방식에서 일련번호가 중요한 역할을 하기 때문이다.

<table>
<tr><th>구분</th><th>내용</th></tr>
<tr><td rowspan="4">약식 주석</td><td>• 바로 앞에 소개한 문헌을 다시 소개할 때는 'Ibid, 참고 쪽수'의 방식
= 같은 책, 같은 논문 또는 위의 책, 위의 논문 또는 상게서, 상게 논문 등으로도 표기</td></tr>
<tr><td>10) 천홍말·변지석(2004), "구매품목의 특성이 전자조달방식의 선택에 미치는 영향", 「경영정보학연구」, 제14권, 제2호, pp.87-114.
11) 같은 논문, p.90.
12) Choudhury, V., K. S. Hartzel and B. R. Konsynski (1998), "Uses and consequences of electronic markets: an empirical investigation in the aircraft parts industry.," MIS Quarterly Vol.22, No.4, pp.471 - 507.
13) Ibid., pp.482-498.</td></tr>
<tr><td>• 앞에 소개하고 그 사이에 다른 문헌을 소개한 경우 '필자명, op. cit., 참고 쪽수'의 방식
= 앞의 책, 앞의 논문 또는 전게서, 전게 논문 등으로도 표기</td></tr>
<tr><td>10) 천홍말·변지석(2004), "구매품목의 특성이 전자조달방식의 선택에 미치는 영향", 「경영정보학연구」, 제14권, 제2호, pp.87-114.
11) Choudhury, V., K. S. Hartzel and B. R. Konsynski(1998), "Uses and consequences of electronic markets: an empirical investigation in the aircraft parts industry.," MIS Quarterly Vol.22, No.4, pp.471 - 507.
12) 천홍말·변지석(2004), 앞의 논문, p.90.
13) Choudhury, V., K. S. Hartzel and B. R. Konsynski(1998), op. cit., pp.482-498.</td></tr>
</table>

⑥ 참고 문헌 작성

참고 문헌은 논문의 맨 마지막에 들어간다. 논문 작성에 활용된 모든 자료를 종합적으로 정리해서 쓰면 된다. 참고 문헌은 국내서, 동양서, 서양서로 구분하여 '가나다', '알파벳' 순으로 나열한다. 필자의 이름이 반복되는 경우 처음에만 이름을 쓰고 두 번째 자료에는 이름 대신 밑줄 표시( )를 이용한다. 외국 인명의 경우 '성, 이름' 순서로 기재하는 것이 일반적이다.

자연과학 분야 논문의 참고 문헌 목록은 논문 본론에서 언급한 인용 문헌들이다. 따라서 인문·사회계 논문과 달리, 참고 문헌 목록에 문헌의 인용 순서를 나타내는 일련번호와 인용 쪽수를 표시한다.

수학, 물리학 등의 논문 작성에서는 기호, 수식 등이나 특수한 문자들의 처리를 위해 라텍스, 암스텍스, 레브텍스 등과 같은 컴퓨터 프로그램을 많이 사용한다. 이들 프로그램은 분야별로 논문을 정형화할 수 있도록 일정한 양식을 제공하고 있는데, 집필자가 이 양식에 맞추어 제목, 항목, 주석 등을 용이하게 처리할 수 있다. 참고 문헌 목록 또한 이들 프로그램 사용 시에는 자동으로 정리되어 나타나게 된다.

자 료		표기 방식
단행본	한글본	최두진·김은정·김현석·위금숙·양희인·이재웅·김혜경(2007), 『고령층의 정보사회통합 방안에 관한 연구』, 한국정보문화진흥원.
	번역본	하인리히 찬클 지음, 아침이슬 역, 『과학사의 유쾌한 반란-우연의 변덕과 실수의 발견사』, (주)북토피아, 2007.
	영자본	Rowe, J., and R. Kahn(1998), Successful aging, New York : Dell Publishing.
학위 논문	한글본	김태훈, 「차량용 마사지 시트의 구동을 위한 제어기 최적 설계 방안에 대한 논문」, 한국산업기술대학교 산업기술·경영대학원 전자제어공학과 석사학위논문, 2012.
	영자본	Brown, C. A.(2004), Self-esteem and Life Satisfaction of Aged Individuals with and without Access to Computer Training, Unpublished Doctoral Dissertation, Texas A & M University.
학술 논문	한글본	최재선, 「선정주 시조에 나다난 고통 수용 양상- 행선 연작을 중심으로」, 『우리문학연구』 제54집. 2017. 4. pp. 253-278.
	영자본	Hatem El-Gohary, Myfanwy Trueman, Kyoko Fukukawa, (2008) "E-Marketing and Small Business Enterprises: A review of the methodologies", Journal of Business & Public Policy, pp. 123-456.
신문		이경민, 「정부가 발표한 부품소재 경쟁력 제고 대책」, 『전자신문』 2009.11.17.
인터넷 자료		「총선연대, 탈세 의혹 등 87명 공개」, 『조선일보』 2000. 4. 10, 〈http://www.chosun.com/w21data/html/news/200004/200004100108.html〉(10. Apr. 2000).

⑦ 연구 윤리와 표절 예방

ㄱ. 표절의 예방

최근 인터넷의 발달과 보급으로 보고서나 논문을 쓸 때 출처가 불분명한 데이터나 남의 글을 퍼 와서 사용하는 경우가 많다. 더욱이 이렇게 가져온 자료를 검증도 하지 않고 적당히 짜깁기하여 과제로 제출하기도 한다. 정직한 학문과 연구 윤리를 추구해야 하는 대학에서 이러한 사례가 크게 늘고 있는데다가, 남의 지적 재산을 무단으로 가져다 쓰고도 아무런 죄의식을 느끼지 못한다는 것이 더 큰 문제이다.

이러한 문제를 해결하기 위해서는 위조(fabrication), 변조(falsification), 표절(plagiarism)의 개념을 이해하는 것이 먼저 필요하다. 위조가 실제로 존재하지 않는 데이터나 연구·조사 결과를 거짓으로 만들어 기록하거나 보고하는 경우라면, 변조는 실제 사실과 달리 연구나 실험에 사용한 재료와 장비, 그 과정 등을 조작하여 데이터나 연구 결과 내용을 바꾸거나 삭제하는 것을 말한다. 표절은 다른 사람의 고유한 생각이나 실험 내용 및 절차를 그 출처도 밝히지 않고 사용하는 것을 말한다. 이 가운데 표절은 사회 문제로 자주 등장하면서 민감한 사항이 되었으므로 다음 사항에 주의해야 한다. 특히 출처를 밝히지 않으면 무조건 표절에 해당한다는 사실을 꼭 명심해야 한다.

- 다른 사람의 글을 인용 표시 없이 문장 그대로 사용하는 경우
- 표, 그림, 모식도, 슬라이드, 컴퓨터 프로그램 등의 자료를 제시할 때 남의 것을 출전 표기 없이 무단으로 제시하는 경우
- 다른 사람의 실험보고서를 참고하여 자신의 실험보고서를 작성하는 경우
- 같은 종류의 자료를 두 개 이상의 다른 학술지에 투고하는 행위
- 한 번 발표된 논문을 다른 언어로 다시 발표하는 경우
- 연구계획서나 논문 심사 과정, 혹은 다른 사람의 학회 발표에서 얻게 된 정보나 아이디어를 자신의 것처럼 사용하는 경우

ㄴ. 저자권과 저작권의 구분

저자권(著者權, authorship)은 논문의 발표자나 학술 논문 등의 저자로 참여할 수 있는 권리로, 과학 글쓰기의 윤리와 관련해서 문제가 된다. 저자권과 관련하여 논란이 되는 윤리적인 문제는 누가 저자에 참여할 수 있고, 복수 저자의 경우 순서는 어떻게 정할 것이며, 누가 이것을 결정하는가와 관련된다. 이는 '연구윤리규정'에서도 중요시하는 사항이므로, 다음 내용을

참고해야 한다.

구분		내용
저자	교신저자	• 학술지 투고의 전 과정을 책임지는 저자로, 연구책임자에 해당. 공동저자의 포함 여부 및 저자 순서를 결정하며 논문 심사 후 수정해야 하는 경우에는 공동저자에게 그 사실을 알려서 승인을 받아야 함
	공동저자	• 연구에 참여한 공동연구원 및 연구보조원, 연구 수행 중 중요한 연구정보를 상의하고 결론에 도달하는 데 기여한 자
저작권	저자의 결정	• 연구의 기여도에 따라 제1저자, 제2저자 순으로 결정
	저자의 순서	• 학문 분야별 전통과 관행을 인정하여, 연구에 참여한 상대적 기여도에 따라 또는 참여한 저자들 간의 합의에 따라 결정하기도 함

한편, 저작권(著作權, copyright)은 사람의 생각이나 감정을 표현한 결과물에 대하여 그 표현자에게 주는 권리를 말하며, 창작물에 대한 상업적인 소유권과 관련된다. 대부분 논문의 소유권은 학술지를 출간한 학회나 출판사가 갖고 또 저작권에 대해서는 성문화된 법으로 상세히 규정하고 있다. 아래와 같이 저작물 이용법을 올바로 지킨다면, 저작물을 안심하고 이용할 수 있다.

- 어떤 저작물을 이용할 것인지 결정한다.
- 그 저작물이 보호받는 것인지 확인한다.
- 저작물 이용 방식이 저작권법상 허용되는 방식인지 확인한다.
- 저작권자에게 저작물 제목과 이용하려는 방법 등을 자세히 알리고 이용에 대한 허락을 받는다.
- 허락받은 범위 내에서만 이용하되, 저작권자의 의사에 따라 저작권자 표시, 출처 표시를 명확히 하고 쓴다.

(3) 논문 퇴고 및 수정

점검 내용	비 고
논문의 제목이 결론에 부합하는가?	
연구배경(문제점)이 명료하게 기술되었는가?	
제기된 문제점이 중요한가?	
연구목적이 분명하게 기술되었는가?	
창의성이 있는가?	
연구방법이 충분히 설명되었는가?	
연구방법이 문제점의 해결에 적합한가?	
분석결과가 명확하게 제시되었는가?	
결과의 타당성과 신뢰도가 정립되었는가?	
결과가 학술적 또는 현실적 측면에서 가치가 있는가?	
문제점의 해결에 필요한 내용이 충분히 고찰되었는가?	
주안점과 관계없는 내용이 기술되지는 않았는가?	
제시된 성격이 결론을 충분히 뒷받침하고 있는가?	
논문이 논리적으로 구성되어 있는가?	
표 및 그림이 논문의 중요내용을 대표하고 있는가?	
표 및 그림의 수가 적당한가?	
초록이 간결하고 중요내용을 포함하고 있는가?	
필요한 문헌만을 인용하였는가?	

연습

1. 단행본과 논문의 각주는 어떻게 처리하는지 자신이 쓸 보고서를 가지고 워드프로세서로 작업하면서 연습해 보자.

2. 2015년 이후 발표된 학술지 논문 중에서 전공이나 관심 있는 주제의 논문을 찾아보고 한 편을 골라 요약해 보자.

논문 제목	
저자명	
출처	
목차	
서론	

본론	
결론	
참고 문헌	
느낀 점	

제3장

실용적 글쓰기

1. 이력서 · 자기소개서
2. 기획서
3. 미디어 글쓰기

실용문이란 우리가 일상생활을 영위하는 데 실제적으로 필요한 글을 의미한다. 대부분의 경우 실용문은 구체적인 목적과 용도에 따라 관용적으로 사용되는 내용이나 형식이 있다. 그러므로 글의 종류에 따라 그에 맞는 특정한 서식과 양식을 이해하고 바르게 작성하는 것이 필요하다.

예를 들면 회사 · 단체 · 공공기관 등에서 대내외적으로 업무상 작성하는 공식 문서, 취업을 위한 이력서와 자기소개서, 결혼식을 알리는 청첩장, 출판 기념회를 알리는 초대장, 법률적 다툼이 생겼을 때 필요한 소장이나 고소장, 제품의 구조와 각 구성 부분의 명칭 및 기능을 설명하는 제품 명세서, 소비자들이 원하는 기능을 손쉽게 사용하고 또 안전하게 제품을 다룰 수 있도록 도와주는 사용설명서, 행사 및 사업 계획서, 다양한 기획서 및 제안서 등이 모두 실용문에 속한다.

1. 이력서 · 자기소개서

이 장에서는 이력서와 자기소개서, 기획서와 미디어 글쓰기 등을 연습하여 필요할 때에 효과적으로 활용할 수 있도록 한다.

〈실용문의 종류〉

영역	종류	내용
사적(私的)	이력서	자신의 이력을 적은 글
	자기소개서	자신을 소개하는 글
	초대장	출판 기념회, 전시회, 각종 행사 참석에 초대하는 글
	청첩장	결혼식을 알리는 글
	부고장	죽음을 알리는 글
	고소장	법률적 다툼이 생겼을 때 필요한 문서
공적(公的)	공문서	회사 · 단체 · 공공기관 등에서 대내외적으로 업무상 작성하여 발송하고 수신하는 공식 문서
	제품 설명서	제품의 구조와 각 구성 부분의 명칭 및 기능을 설명하는 글
	사용 설명서	소비자들이 제품 사용 방법과 주의 사항을 손쉽게 이해하고 사용할 수 있도록 설명하는 글
	기획서	목적에 맞게 설정된 기획 아이디어를 작성한 문서

1) 이력서

이력서란 자신이 지원하고자 하는 회사 또는 업무에 자신이 적합한 능력과 소양을 갖춘 사람임을 알리는 문서이다. 그러므로 이력서 작성의 목적은 채용 담당자에게 많은 지원자들 중 자신이 가장 적합한 사람임을 인식시키는 것이다.

이력서에는 공식적으로 입증할 수 있는 개인의 인적 사항, 학력, 경력, 자격, 수상 및 특기 사항 등을 기록한다. 이력서는 취업을 위한 서류이므로 자신이 지원하는 기업이나 인사담당자 입장에서 가장 중요하게 평가하는 요소가 무엇일지 고려하여 작성한다. 제출 방법은 인터넷으로 하는 경우가 일반적이며, 지원자는 지정된 인터넷 사이트에 접속한 다음 그곳에 게시된 이력서 양식에 맞게 작성한 후 제출한다.

(1) 이력서 작성 방법

<table>
<tr><th colspan="2">구 분</th><th>작성 방법</th></tr>
<tr><td rowspan="4">인적사항</td><td>성명 및 생년월일</td><td>▪ 성명은 한글과 한자, 영문 모두 적고, 성명 뒤에는 서명을 한다.
▪ 생년월일을 기재하고, 만(滿) 나이를 기재한다.
▪ 생일은 주민등록증에 기재된 것을 적는다.</td></tr>
<tr><td>주소</td><td>▪ 현주소는 본인이 현재 거주하고 있는 주소를 쓴다.
▪ 실제 거주지와 다를 경우 주민등록상의 주소를 적는다.</td></tr>
<tr><td>연락처</td><td>▪ 신속하게 직접 연락 가능한 휴대전화, 집 전화번호를 기재한다.
▪ 연락처와 전자우편 (이메일 주소)을 혼동하지 않는다.</td></tr>
<tr><td>사진</td><td>▪ 정장 차림의 단정하고 밝은 인상을 주는 사진을 사용한다.
▪ 사진은 3개월 이내에 촬영한 것을 사용한다.
▪ 실물과 다르게 보이는 지나친 보정은 자제한다.
▪ 규격에 맞는 사진을 사용한다.</td></tr>
<tr><td colspan="2">학력 사항</td><td>▪ 고등학교 입학 때부터 최종 학력까지 기재한다.
▪ 입학 연월일과 졸업 연월일을 함께 기재한다.</td></tr>
</table>

경력 사항	▪ 업무와 관련된 경력 위주로 최근 것부터 기재한다. ▪ 지원 분야와 관련된 교육, 연수, 인턴, 아르바이트 경험 등을 적는다. ▪ 근무 기관과 관계 기관 등도 명기한다. ▪ 남학생의 경우 군 복무 경력도 기재한다.
자격 사항	▪ 지원 분야 및 관련 업무와 관계된 자격 사항을 강조한다. ▪ 자격증과 면허증의 취득 사항을 기재한다. ▪ 자격증을 부여한 공인 기관, 관계 기관을 적는다. ▪ 외국어 관련 공인 점수를 적는다.
수상 및 특기 사항	▪ 지원 분야와 관련된 수상 경력을 적는다. ▪ 자신의 장점을 잘 보여줄 수 있는 특기 사항을 적는다. ▪ 교내외 행사 및 대회 참가, 수상 경력 등을 기록한다. ▪ 해외 언어 연수 및 인턴 활동, 각종 봉사활동 등을 기록한다.
마무리	▪ 마지막에 "위 내용이 사실임을 증명함.", "위 기재 사항은 사실임을 확인합니다." 등의 문구를 기재한다. ▪ 하단에 작성 연월일을 적고 그 아래 작성자 본인의 성명을 기재한 후 서명하여 마무리한다.

(2) 이력서 작성의 유의점

① 인적사항, 학력, 경력, 자격, 수상 및 특기 사항 등을 한눈에 파악할 수 있게 한다.

② 응시 부문 및 연락처를 반드시 기재한다.

③ 이력서는 복사본을 가지고 있어야 한다.

④ 오자, 탈자, 맞춤법에 어긋나는 것이 없는지 확인한다.

연습

※ 자신이 지원하고자 하는 기업이나 분야의 이력서를 미리 작성해 본다.

<table>
<tr><td rowspan="5">사진</td><td>성명</td><td></td><td>영문</td><td></td><td>한자</td><td></td></tr>
<tr><td>주민 번호</td><td colspan="3">–</td><td>나이</td><td></td></tr>
<tr><td>휴대폰</td><td colspan="2"></td><td>전화번호</td><td colspan="2"></td></tr>
<tr><td>E–mail</td><td colspan="2"></td><td>SNS</td><td colspan="2"></td></tr>
<tr><td>주소</td><td colspan="5"></td></tr>
</table>

학력 사항

재학 기간	학교 및 전공	학점	구분
			입학, 졸업
			입학, 졸업
			입학, 졸업(예정)

활동사항

기간	활동 내용	활동 구분	기관 및 장소

어학

언어	시험	점수	기관

교육/연수

기간	과정	기관

수상 내역		
기간	수상 내용	기관

자격증			
취득일	자격증/면허증	등급	발행처

병역		
복무 기간	군별/계급/병과	미필 사유

가족사항				
관계	성명	연령	직업	직위

위에 기재한 사항은 사실과 틀림이 없습니다.

20 년 월 일

성명 : (인)

2) 자기소개서

자기소개서는 어떤 특정한 상황에서 자신이 누구인지를 소개하는 글이다. 상황에 따라 자신을 소개하고 알리는 방식은 다양할 수 있지만 이 장에서는 취업을 위한 것으로 한정하기로 한다. 자기소개서와 이력서는 취업을 위해 필수적인 서류이다. 자기소개서는 한정된 분량으로 자신을 충분히 보여주고 서류를 통과하여 면접까지 이르게 하는 데 중요한 요소가 된다. 따라서 자기소개서를 작성할 때는 글을 쓰는 목적을 정확히 인식하고 읽는 사람의 입장에서 쓰는 것이 필요하다. 지원할 기업이나 기관, 업무 등을 미리 조사한 후 이를 고려하여 작성해야 한다.

자기소개서는 자신이 어떤 성품을 지녔으며, 교육 과정과 경험을 통해 무엇을 배웠고, 이를 조직 속에서 어떤 방식으로 적용하여 자신의 잠재력을 발휘할 수 있을지 상대방을 설득하는 글이다. 인사 담당자는 자기소개서를 읽고 지원자의 인성, 업무 수행 능력, 조직 적응력, 대인관계, 발전 가능성 등을 판단하고 선발하게 된다.

(1) 자기소개서 작성 방법

① 시간적 여유를 두고 구성한다.

② 개성 있게 적극적으로 표현하여 자신을 홍보한다.

③ 간결하고 정확하게 쓴다.

④ 편향적이고 배타적인 의식과 표현을 배제한다.

⑤ 지원하는 기업, 기관의 인재상에 맞게 기술한다.

(2) 항목별 작성 방법

① 성장 과정

- 가정교육의 특징에 대해 기술한다.
- 성장 과정에서 겪었던 위기, 좌절, 성장의 계기 등을 서술한다.
- 유년기의 체험, 기억에 남는 일, 영향을 준 인물, 사건 등을 정리한다.

연습

1. 다음 자기소개서의 성장 과정을 읽고 생각해 보자.

저희 아버지께서는 공부 잘하는 사람보다는 '사람다운 사람'을 키우는 것을 중요하게 여기셨습니다. 자녀들에게 공부는 부족해도 인성과 예의를 갖춘 사람이 되라고 늘 말씀하셨습니다. 학업에 대한 부담이 심한 중·고등학교 시절 최상위 성적은 아니었지만 당당하게 성적을 보여드릴 수 있었던 것도 부모님의 넉넉한 가르침 덕분이었으며, 성적 때문에 고민하는 친구들이 저희 집에 오면 힘을 얻고 돌아가는 것도 부모님의 격려가 있었기 때문이었습니다.

1) 위의 예문을 통해 지원자의 가정 분위기, 가정교육은 어떠하리라 짐작되는가? 이런 가정환경에서 자란 지원자의 인성은 어떠하리라 생각되는가?

2) 내가 만약 인사 담당자라면 지원자의 성장 과정을 통해 무엇을 보고자 할까? 어떤 부분을 중요시할 것이라 생각되는가?

2. 자신의 성장 과정 중 지금의 나를 형성하는 의미 있는 사건이나 일화, 교훈, 관계 등을 생각해 보자. 그러한 일들이 자신에게 어떤 영향을 미쳤다고 생각하는가? 또한 지금까지 살아오면서 자신에게 아픔과 상처가 되었던 일이 있다면 무엇이며, 그것을 어떻게 극복하였는지 정리해 보자.

가족의 분위기, 가훈, 부모님의 가르침	
유·소년기의 특이한 일화	
청소년기의 특징, 기억할 만한 일화	
교우관계	
아픔과 상처, 그것의 극복	

② 자신의 장점과 단점 (특기, 적성, 능력)

- 지원 분야에 적합한 장점을 직무 중심으로 부각시킨다.
- 구체적인 경험과 사례로 설명한다.
- 적극적으로 표현하되 지나치지 않게 한다.
- 단점을 이야기할 때 개선 의지와 노력, 개선의 예를 함께 보여준다.

연습

1. 다음 자기소개서의 일부를 읽고 생각해 보자.

> 어떤 일이든 한번 시작하면 치밀하고 완벽하게 준비하는 저의 추진력을 보고 친구들은 중요한 과제나 공모전 준비, 여행 계획을 세울 때면 저를 늘 리더로 세워주었습니다. 팀 프로젝트 수행 시에도 가장 많은 자료를 준비하고 계획표를 작성하여 팀이 좋은 성적을 받는 데 기여했습니다.
>
> 대학시절 친구들과 외국 배낭여행을 두 번 갔습니다. 그때마다 제가 직접 항공권과 숙소 예약, 여행일정에서 예상 경비까지 모두 꼼꼼하게 조사하여 준비하였고 일행 모두 만족스럽게 여유 있는 여행을 즐길 수 있었습니다. 또한 여행 중 만났던 돌발 상황에 유연하게 대처하여 오히려 소중한 추억으로 만들 수 있었습니다.
>
> 의욕적으로 일을 추진하다 보면 가끔 여러 가지 문제에 직면하게 되는데 그때마다 합리적인 토의와 진지한 대화를 통해 반드시 긍정적인 결과를 얻어내는 성격입니다. 세심하게 준비하고 책임 있게 마무리하는 저의 성격과 준비된 자격과 능력으로 귀사의 ○○ 팀의 일원으로 최선을 다하고자 합니다.

1) 위의 지원자의 경우 어떤 분야의 업무에 적합한 성격이라고 생각되는가?

2) 기업의 입장에서 지원자의 성격의 장·단점을 보고자 하는 이유가 무엇일까? 기업에서 직무 적성 검사를 하는 이유는 무엇일까?

2. 자기 성격의 장·단점을 깊이 생각한 후, 장점을 개발하고 단점을 개선할 수 있는 방안에 대해 적어 보자.

3. 자신의 성격과 적성, 좋아하거나 잘하는 일 등을 고려할 때 내가 직업으로 선택하고 싶은 일은 무엇인지, 그 직업을 갖기 위해 준비해야 할 것이 무엇인지 적어 보자.

4. 위의 사항을 다음과 같이 정리해 보자.

자신의 성격	장점	
	단점	
	단점을 개선하려는 나의 노력	

<table>
<tr><td rowspan="3">자신의
일</td><td>좋아하면서
잘 할 수
있는 일</td><td></td></tr>
<tr><td>좋아하지만
아직
부족한 일</td><td></td></tr>
<tr><td>좋아하는 일을
하기 위한
노력</td><td></td></tr>
</table>

③ 특별한 활동과 경력 사항

- 지원 분야와 관련된 경험, 연수, 인턴활동, 아르바이트, 수상 내역, 봉사 활동, 자격증, 동아리 활동 등을 기술한다.
- 구체적 사례를 제시하여 사실성을 높이는 것이 효과적이다.

연습

1. 다음 자기소개서의 글을 읽고 생각해 보자.

> 대학 3학년 때부터 저는 저희 대학의 특별한 제도인 엔지니어링 하우스에서 지도 교수님의 지도 아래 기업과 함께 하는 연구 프로젝트에서 일했습니다. 컴퓨터 공학을 전공하며 CDMA, IMT-2000 등과 SOL 서버를 이용한 데이터베이스와 자바프로그래밍, 네트워크 프로그램을 익히고 모바일 부분으로 J2ME 애뮬레이터의 위피(KTF) 애뮬레이터를 배웠습니다. 팀 프로젝트로 교육용 모바일 앱도 개발하였으며, 이를 대학생 공모전에 제출하여 중소기업청장상을 수상하였습니다. 또한 교내 창업 동아리를 만들어 후배들과 함께 전공 공부를 함께 하며 다양한 소프트웨어 프로그램을 개발하기도 했습니다. 교수님의 추천으로 MIT 창업 컨퍼런스에 참가하여 해외 여러 나라에서 온 대학생들과 함께 IT 관련 세미나에 참석하고 서로 아이디어를 나누며 우리나라 대학생의 자질과 실력이 부족하지 않다는 것을 확인할 수 있었습니다.

1) 기업에서 관심 있는 지원자의 대학 생활, 경력, 경험은 어떤 것일까?

2) 자신의 전공 분야에서 필요한 경험과 자격증 등에는 무엇이 있을까?

3) 대학 생활 중의 중요한 활동을 적고 그것을 통해 배운 점이나 나누고 싶은 이야기를 적어 보자. (대학 신입생의 경우, 앞으로 하고 싶은 일을 계획하여 적어 보자.)

활동 종류	활동 내역	배운 점

2. 대학 시절 기억에 남는 여행에 대해 준비 과정부터 에피소드, 여행 전후 인식의 변화까지 적어 보자. (대학 신입생의 경우, 대학 시절에 가보고 싶은 여행지, 하고 싶은 여행에 대해 계획하고 그 과정을 적어 보자.)

구분	국내	국외
여행지 및 선정 이유		
여행 동기 및 목적		
여행 시기 및 여행비 조달 방안		
여행 방법		
여행을 통해 얻었거나 얻고 싶은 것		

3. 전공과 관련하여 자신이 준비한 자격증 취득이나 인턴, 연수, 아르바이트, 세미나, 공모전 참가 등의 경험이 있으면 적어 보자. (대학 신입생의 경우, 앞으로 자신의 진로와 관계된 분야를 위해 준비해야 할 것을 적어 보자.)

구분	현재 보유하거나 경험한 것	미래 계획하는 것
자격증		
인턴, 연수		
아르바이트		
공모전		
봉사활동		

어학 공인점수		
동아리 활동		
기타 특별한 일		

④ 지원 동기 및 입사 후 포부

- 기업의 입장에서 가장 관심을 갖는 부분이다.
- 지원 동기에는 확고한 신념과 의지를 표현하는 것이 중요하다.
- 지원 분야 선택에 중요한 계기가 되었던 인물, 사건, 서적 등을 밝히되 논리적이어야 한다.
- 지원 기업이나 업무의 특성을 파악한 후 그에 대한 구체적인 관심과 자신의 계획에 대해 언급해야 한다.

연습

※자신이 미래에 입사하고 싶은 기업 혹은 기관이나 업무 분야에 대해 조사한 후 그곳의 특징과 비전 등을 살펴보고, 자신이 그곳에 지원하는 동기나 입사 후 포부를 적어 보자.

입사하고 싶은 기업 (기관)	
지원 회사 (기관)의 특징	
지원 회사 (기관)의 비전 및 인재상	

희망 업무 분야	
지원 동기	
입사 후 포부	

(3) 자기소개서 작성 시 유의 사항

① 전체 글이 논리적 일관성을 갖도록 쓴다.

② 문장의 연결, 어조, 문체, 종결 어미 등을 통일성 있게 쓴다.

③ 어법에 맞게 쓴다.

④ 맞춤법, 띄어쓰기, 오자, 탈자에 주의한다.

⑤ 부정확한 한자나 외국어를 사용하지 않는다.

⑥ 인터넷 용어나 이모티콘을 사용하지 않는다.

⑦ 지원 기업이나 기관에서 요구하는 글의 분량을 지킨다.

⑧ 지원하는 기업, 기관, 부서에 따라 각각 다르게 작성한다.

⑨ 자신감의 표현이 지나치지 않도록 주의한다.

⑩ 반말형의 문체는 지양한다.

⑪ 인사담당자의 시선으로 검토하며, 작성 후 동료, 선배, 스승의 조언을 받고 수정한다.

⑫ 자기소개서는 면접 시 면접관의 질문 자료가 될 수 있으므로 자신이 작성한 내용을 반드시 기억해야 한다.

(4) 자기소개서와 연결되는 기본 질문

1. 3분 동안 자기 PR을 해 보십시오.
2. 자신의 장점을 3가지만 말해 보십시오.
3. 특기가 있습니까? 특기가 있다면 무엇입니까?
4. 친구가 많다고 생각하십니까? 주로 어떤 면을 보고 친구를 사귑니까?
5. 주말에는 주로 무슨 일을 합니까?
6. 당신의 건강은 어떤 편이라고 생각합니까?
7. 건강관리를 위해 어떤 것을 하고 있습니까?
8. 자신이 협조 정신이 있다고 생각합니까?
9. 학창 시절 가장 잘했던 활동과 그 이유는 무엇입니까?
10. 가장 감명 깊게 읽은 책은 무엇입니까?
11. 최근 읽은 책이나 영화에 대한 감상을 말해 보십시오.
12. 술, 담배를 할 줄 압니까?
13. 주량은 어느 정도입니까?
14. 학창 시절이나 전(前) 직장에서 자신이 주도적으로 실행했던 일을 소개하고 결과를 말해 보십시오.

15. 갑작스럽게 일이 주어졌는데 사전에 다른 약속이 있다면 어떻게 하시겠습니까?
16. 5년 후 도달하고자 하는 목표는 무엇입니까?
17. 자신과 잘 맞지 않는 사람과 팀이 되었을 때 어떻게 하시겠습니까?
18. 자신의 국제 경쟁력을 향상시키기 위해 준비하는 것이 있다면 말해 보십시오.
19. 살아오면서 가장 기뻤던 경우와 가장 슬펐던 경우에 대해 말해 보십시오.
20. 자신에게 가장 소중한 것은 무엇입니까? (유형, 무형의 것으로 각각 한 가지씩)
21. 본인에 대한 타인의 평가는 어떻다고 생각하십니까?
22. 아르바이트를 해본 일이 있습니까?
23. 좌우명이 있다면 말해 보십시오.
24. 자신의 인생 지표가 되는 사람이 있다면 누구인지, 그 이유는 무엇인지 설명해 보십시오.
25. 즐겨하는 스포츠가 있다면 어떤 것입니까?
26. 당신에게 직업은 어떤 의미가 있습니까?
27. 돈, 명예, 일, 가족 중 어느 것이 가장 소중하다고 생각하십니까?
28. 직장인이 지켜야 할 윤리 중 가장 중요하다고 생각하는 것은 무엇입니까?
29. 맡은 일이 정상적으로 진행되지 않으면 어떻게 해결합니까?
30. 리더십을 발휘해서 성공한 사례가 있습니까?
31. 자신에 대한 열등감을 극복하기 위해 노력한 경험이 있습니까?
32. 역경과 기회를 사전에 예측하여 일을 성공적으로 추진한 경험이 있습니까?
33. 자신만의 독특한 경험이 있다면, 그리고 그 경험을 통해 얻은 것이 있다면 이야기해 보십시오.
34. 당신이 이 회사의 경영주가 된다면 지금 당장 어떤 일을 하시겠습니까?
35. 내일 지구가 사라진다면 당신은 오늘 무슨 일을 하시겠습니까?
36. 지금 당장 1000만원이 생긴다면 무엇을 하겠습니까?
37. 당신이 지금 면접관이라면 어떤 질문을 하겠습니까?
38. 전일 당사의 주가가 얼마였는지 아십니까?
39. 오늘자 일간지에 난 기사 중 가장 인상에 남는 것은 무엇입니까?
40. 기업의 사회적 책임에 대하여 말해 보십시오.
41. 우리 사회에서 가장 시급한 문제는 무엇이라고 생각하십니까?
42. '지속 가능한 발전'에 대하여 아는 바를 이야기해 보십시오.
43. 다국적 기업의 한국 진출에 대하여 어떻게 생각하십니까?
44. 마케팅이란 무엇인지 설명해 보십시오.
45. 기업 발전의 가장 큰 걸림돌은 무엇이라고 생각하십니까?
46. 남성과 여성의 일에 차이가 있다고 생각합니까?
47. 직장에서 임금이나 승진 등에 있어 남녀차별에 대해 어떻게 생각하십니까?
48. 남녀고용평등법에 대해 어떻게 생각하십니까?
49. 여자라고 남자 직원이 협조하지 않으면 어떻게 하겠습니까?
50. 순환보직에 의해 해외 영업 일을 맡게 된다면 어떻게 하시겠습니까?

연습

※ 다음과 같은 서식을 이용하여 자기소개서를 작성해 보자.

학과 :	학번 :	성명 :
성장 과정		
성격 및 장 · 단점		
자격증 및 특기 사항		

생활 신조	
동아리, 인턴, 아르바이트 등 각종 활동 및 경험	

2. 기획서

기획이란 말 그대로 '생각하는 바(企)를 그리는(劃)'일이다. 그러므로 기획서는 기획을 실현하기 위한 문서, 즉 '무엇을 어떻게 할 것인가'에 대한 글이다. 기획서는 목적에 맞게 설정된 기획 아이디어를 요소별로 구분하여 체계적으로 조립해 놓은 설계도라 할 수 있다. 기획서는 각각 특성과 사정에 따라 기획서, 제안서, 계획서, 보고서 등으로 부르기도 한다. 기획서의 목적이 기획 의도나 내용을 정확하게 전달하는 데 있기 때문에 일반적인 글쓰기 방식과는 다르다. 기획서의 작성은 두 가지 특성을 토대로 한다. 하나는 문제 해결을 위해 답을 찾는 과정이고, 다른 하나는 아이디어를 새롭게 산출하고 정리하는 과정이다.

기획서의 기본 기능은 '기획 제안서'이므로, 전달력이 무엇보다 중요하다. 따라서 기획의 내용은 높은 수준을 담고 있어도 표현은 이해하기 쉽게 정리되어야 한다. 매력적인 기획서는 상대방이 제시한 문제를 분석하여 가장 적절한 아이디어나 해결 방안을 제시할 수 있어야 한다.

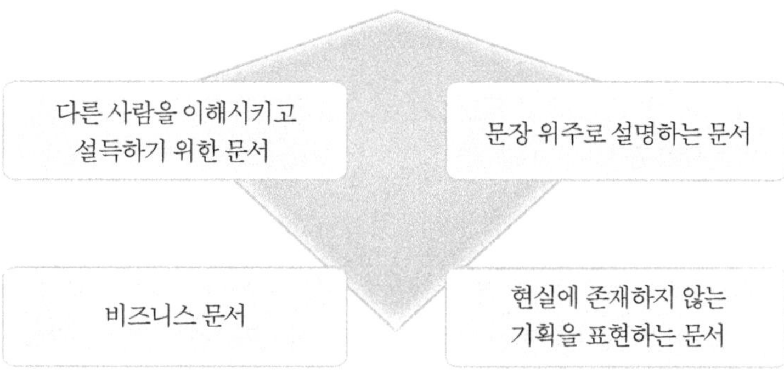

〈기획서의 의미〉

1) 기획의 단계

기획서가 작성되기까지 아래와 같은 5단계 과정을 거친다.

1단계	2단계	3단계	4단계	5단계
문제 파악	아이디어 수립	아이디어 체계화	조사와 분석	기획안 작성

2) 기획서의 5가지 구성요소

(1) 기획 목적 및 의도 설명하기

기획서나 제안서를 작성할 때 가장 먼저 해야 할 일은 기획 의도를 설명하는 것이다. '왜 이러한 일을 해야 하는가'에 대한 답이 바로 기획의 목적과 이유이다. 이 질문은 모든 비즈니스 문서에서 요구되는 것으로 기획서는 기획 의도를 타당한 근거를 바탕으로 전달할 수 있어야 한다. 중요한 점은 문서만으로도 아이디어를 충분히 이해시킬 수 있어야 하고, 실현 가능성을 보여 주어야 한다는 것이다.

(2) 현재 상황과 문제점 분석

기획은 기획 행위를 통해서 목적을 성취하는 일이며, 무엇인가를 해야 한다고 주장하는 일이다. 그렇다면 왜 그 일을 해야 하는지를 설득력 있는 데이터로 보여 줄 필요가 있다. 분석은 기획을 통해 이루고자 하는 것의 현황을 다각적으로 조사·분석하는 것을 의미한다.

여기에서 분석이란 외부 상황에 대한 분석과 함께 기획자 자신에 대한 분석도 포함된다. 대개 종합 분석의 4요소는 자사, 시장, 경쟁사, 고객을 포함하는데, 대학생으로서 새로운 프로젝트나 공모전, 창업 등을 위해 기획할 경우에도 상황에 맞게 적용하여 분석할 수 있다.

(3) 기획 내용 구성하기

기획서의 내용은 창의적이고 혁신적이어야 하며, 전달 방식 역시 참신하게 개발되어야 한다.

(4) 추진 전략 드러내기

추진 전략은 기획서의 핵심이다. 기획의 내용을 실행할 수 있는 방법은 구체적이며 명확하게 제시되어야 한다. 그러기 위해서는 기획서 작성의 전 단계를 착실히 진행하여 기획 내용을 구성하고 기획 의도와 목표에 맞는 전략을 수립할 수 있도록 해야 한다. 실행 단계마다 차별화된 전략을 사용할 수 있어야 하며 전략을 설득력 있게 전달하는 것이 필요하다.

(5) 기획의 기대 효과

기획의 기대 효과는 읽는 사람이 가장 관심 있게 보는 요소 중 하나이다. 실현 가능한 기대 효과를 제시해야 하며, 기획을 통해 얻을 수 있는 유형, 무형의 이익이나 가치 창출과 이미지 쇄신 등을 강조해야 한다. 또한 실제적인 통계 자료나 수치 등을 사용하여 읽는 사람이 구체적인 기획 효과를 인식할 수 있도록 해야 한다.

3) 기획서 작성의 주요 원칙

원칙	내 용
읽는 사람 입장에서 쓴다	▪ 간결하고 읽기 쉽게 표현한다. ▪ 어려운 단어나 한자는 피한다. ▪ 일상에서 쓰는 은어나 약어, 속어 등을 사용하지 않는다. ▪ 그림이나 도표 등 시각적 기술을 활용한다.
문장의 기본을 지킨다	▪ 문단의 첫 글자는 들여 쓴다. ▪ '-이다'와 '-입니다' 중 하나로 통일한다. ▪ 주어와 술어가 호응해야 하며, 특수한 용어는 설명을 붙인다. ▪ 본문의 흐름에 맞지 않는 설명은 각주로 넣는다. ▪ 인용은 인용 부호를 사용하여 구분해 준다. ▪ 인용문은 원문을 정확히 기록하고 출선을 밝혀준다.

비즈니스 문서 규칙을 지킨다	▪ 제출자와 제출일자를 표기한다. ▪ 기획 의도 및 목적, 문제의식 등을 명확히 기술한다. ▪ 정중한 표현을 하되 경어는 쓰지 않는다. ▪ 불확실한 사실과 감상적 표현은 배제한다. ▪ 요점을 간결하게 정리한다. ▪ 기획서를 읽는 사람의 입장에서 핵심 사항을 적는다.
독창성있게 표현한다	▪ 논리 전개에 일관성을 갖는다. ▪ 제목 선택에 주의한다. ▪ 제목에 맞는 정확한 내용을 적는다. ▪ 비교법을 사용하여 정리한다. ▪ 과정을 차트, 그림 등으로 설명한다. ▪ 자신 없는 언어 표현은 금한다. ▪ 의견이 아니라 데이터로 설득한다. ▪ 부분에 얽매여 전체를 놓치지 않도록 주의한다. ▪ 수식어는 배제한다. ▪ 읽는 사람이 궁금해 할 부분은 미리 답한다.

4) 기획자의 요건

기획자는 시대의 흐름을 읽는 눈이 필요하다. 이를 위해서는 무엇보다 창의적인 상상력과 사회적 안목이 요구된다. 또한 기획은 혼자서 할 수 있는 일이 아니기 때문에 기획자는 여러 가지 다양한 의견들을 듣고 정리할 수 있어야 한다.

5) 기획서 작성의 예

기획서는 그 기획 의도에 따라 몇 가지 유형으로 나누어 볼 수 있다. 새로운 제품 개발을 위한 제품 기획서, 새로운 사업이나 창업을 위한 사업 기획서, 특정 상품의 광고를 염두에 둔 홍보 기획서, 행사나 이벤트의 진행을 위한 이벤트 기획서, 각종 공모에 제출하는 기획서 등이 있다.

(1) 대학의 해외 탐방 지원 기획서 형식

<table>
<tr><th colspan="9">○○ 대학교 Global Challenger 지원서</th></tr>
<tr><td>응모분야</td><td colspan="8">□ 전공 관련 문제 □ 지역사회(국가) 당면 문제 □ 기타</td></tr>
<tr><td>팀명</td><td colspan="3"></td><td>주제</td><td colspan="4"></td></tr>
<tr><td>탐방국가</td><td colspan="3"></td><td>탐방
도시</td><td colspan="4"></td></tr>
<tr><td>팀원명단</td><td>성명</td><td>학과</td><td>학년</td><td>학기</td><td>학번</td><td>주민등록번호</td><td>휴대 전화</td><td>이메일</td></tr>
<tr><td>팀장</td><td></td><td></td><td></td><td></td><td></td><td></td><td></td><td></td></tr>
<tr><td>팀원</td><td></td><td></td><td></td><td></td><td></td><td></td><td></td><td></td></tr>
<tr><td>팀원</td><td></td><td></td><td></td><td></td><td></td><td></td><td></td><td></td></tr>
<tr><td>팀원</td><td></td><td></td><td></td><td></td><td></td><td></td><td></td><td></td></tr>
<tr><td colspan="9">총명</td></tr>
<tr><td>목표 및
의의</td><td colspan="8"></td></tr>
<tr><td>탐방개요
요약</td><td colspan="8"></td></tr>
<tr><td colspan="9">Global Challenger 프로그램에 응시하고자 소정의 서류를 갖추어 지원하며, 선발되었을 경우 ○○ 대학교 학생으로서의 명예에 해가 되는 행동을 하지 않을 것이며 ○○ 대학의 준수 사항을 지킬 것을 서약합니다.
20 . . .
인재교류지원팀장 귀하</td></tr>
</table>

탐방 연구 계획서			
팀명		연구 주제	
탐방 국가 및 도시		탐방 기간	~ (박 일)
작성 시 주의사항 : 자유형식으로 A4 5~10매 이내로(아래 한글 글자크기 11, 줄간격 180, 여백 좌 · 우 25, 위/아래 15) 기술하되 탐방 연구 분야, 목적, 의의, 잠정적인 일정, 탐방 기관, 예산, 연구 활동 계획 등이 포함되어야 함.			

(2) 기획서 예시

제목	스탠딩 책상의 필요성

조원 이름 : ○○○, ○○○, ○○○, ○○○, ○○○

기획 이유

중 · 고등학교 때 수업시간에 졸리거나 자는 학생이 있으면 선생님께서 뒤로 보내거나 학생이 자발적으로 뒤로 나가서 서서 수업을 들었다. 대학교에 입학한 이후로는 교수님들이 조는 학생은 신경 쓰지도 않으시고 자는 학생은 깨우기만 하시지 방관하는 모습을 볼 수 있다. 하지만 학생이 자발적으로 서서 듣기에는 필기하기도 불편하고 특별한 장치가 없기 때문에 눈치도 보인다. 이런 것들을 해결하기 위해서 스탠딩 책상이 필요하다.

현황 분석

네이버 폼으로 현재 A대학교 전자공학과에 재학 중인 1학년 학생들을 대상으로 설문조사를 실시하였다.

1. 현재 강의실 책상에 만족하시나요?

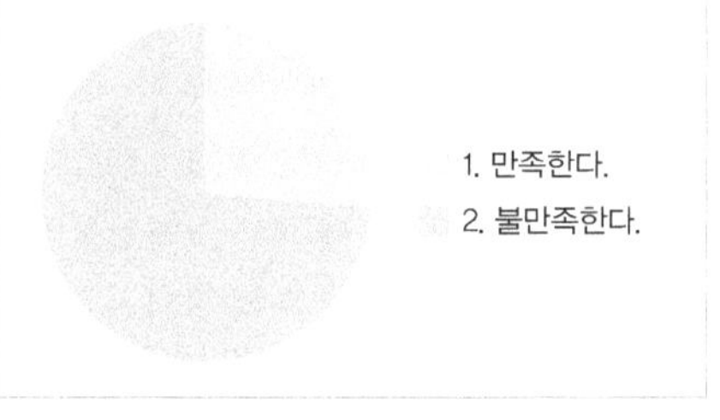

1. 만족한다.	16명	26%
2. 불만족한다.	44명	73%

2. 강의실 뒤편에 스탠딩 책상(서서 수업을 들을 수 있는)을 설치하는 것에 어떻게 생각하시나요?

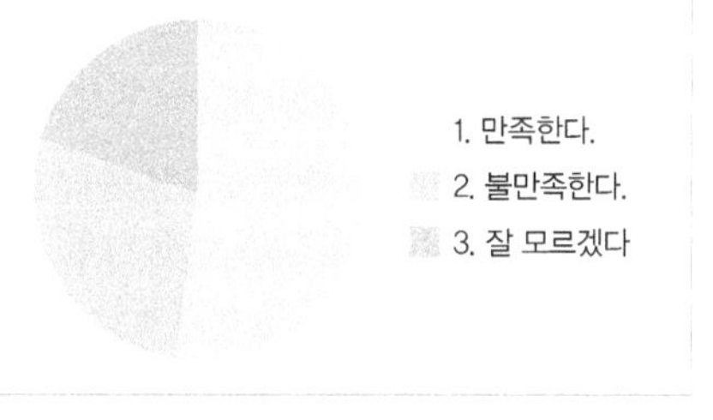

1. 만족한다.	16명	26%
2. 불만족한다.	44명	73%
3. 잘 모르겠다.	12명	20%

- 일체형 책상만으로 충분한지 조사한 결과 60명 중 16명(26%)가 만족, 44명(73%)가 불만족한다고 응답했다.
- 스탠딩 책상의 필요성에 대해서는 32명(53%)가 긍정적이다, 16명(26%)가 부정적이다, 12명(20%)가 잘 모르겠다로 응답했다.

<table>
<tr><td>현황
분석</td><td>1번과 2번을 종합해보면 학생의 과반수 이상이 현재 책상 형태에 대해서 불만족하고, 스탠딩책상에 긍정적이었다. 이에 다른 대학교에서는 스탠딩책상이 비치되어 있는지 조사해 보았다. 수원대, 명지대, 목포대, 세명대, 선문대, 인하대, 인천대, 협성대, 부천대, 청운대 등 총10개의 대학에 문의한 결과 단 한 군데에도 스탠딩책상이 비치된 대학교는 없었다. 이처럼 필요성이 있으나 실시되고 있지 않다는 점은 학생들이 수동적인 태도만 가지고 있고 능동적이고 자발적으로 요구사항을 학교 측에 전달하지 않은 것이기 때문에, 건의를 하면 충분히 비치할 수 있을 것이다.</td></tr>
<tr><td>개선
내용</td><td>현재 우리 학교의 강의실 수는 일반 강의실 83개, 어학원+대학원 강의실 15개로, 총 98개이다. 한 강의실당 스탠딩책상은 3개 정도면 충분할 것으로 보는데, 그렇다면 3x98=294, 즉 294개의 책상이 필요하다. 넓은 강의실에는 2/3지점 정도, 작은 강의실에는 맨 뒤에 비치하는 것이 효과적일 것이다. 기존에 있던 것들을 버리지 않고 추가만 하면 되기 때문에 불편한 점은 없을 것이다.</td></tr>
<tr><td>실행
방법
및
전략</td><td>스탠딩책상 가격을 인터넷에서 조사해 본 결과 가격대는 2만원 후반~4만원 초반대이다. 그렇다면 294개x(3~4만원)=약 1,029만원의 예산이 필요하다. 학교 학보사와 통화한 결과 "학교의 전체적인 설문조사와 예산을 고려하여 종합적인 검토를 통해 긍정적인 방향으로 이끌겠다"고 답하였다. 조사로 끝나는 것이 아닌 구체적인 방안을 계획하여 학보사에 제출하여 더 많은 통계자료를 얻어서 실질적으로 이루어지게 할 예정이다.

학생들마다 신장이 다르므로 높낮이 조절이 가능하고 밑 부분에 바퀴가 달려서 이동이 편리한 책상으로 알아보았다. 약 1,000만원이라는 예산으로 학생들의 많은 불편함을 최소화 할 수 있어서 좋은 대책인 것 같다.</td></tr>
<tr><td>기대
효과</td><td>옆에서 누가 졸고 있다면 나까지도 졸 수 있기에 뒤로 나가서 스탠딩책상을 이용하면 같이 수업 듣는 주변 사람들에게 졸음 전염을 방지할 수 있을 것이고, 쉬는 시간 없이 지속되는 수업시간에는 중간에 뒤로 나가 스트레칭을 잠시라도 하고 들어와 앉을 수 있다. 서서 수업을 들으면 집중력이 높아지는 연구결과가 있으므로 스탠딩 책상이 생긴다면 모든 학생들이 졸지 않을 수 있고, 궁극적으로 학생들의 수업 참여율이 높아질 것이다. 또, 책상이 좁다는 학생들도 있는데 서서 수업을 들으면 서있는 반경이 작아서 공간을 넓게 쓸 수 있다.</td></tr>
</table>

연습

※ 우리 대학의 환경, 시설, 제도, 프로그램 등을 살펴보고, 개선이 필요한 부분이 있다면 참신한 아이디어를 담아 기획서를 작성해 보자.

<table>
<tr><th colspan="2">○○○○ 개선을 위한 기획서</th></tr>
<tr><td colspan="2">학과 : 학번 : 성명 :</td></tr>
<tr><td>기획 이유</td><td></td></tr>
<tr><td>현황 분석</td><td></td></tr>
<tr><td>개선 내용</td><td></td></tr>
<tr><td>실행 방법
및 전략</td><td></td></tr>
<tr><td>기대 효과</td><td></td></tr>
</table>

3. 미디어 글쓰기

오늘날 인터넷과 휴대 전화는 누구나 활용하고 있는 개인 매체로서 일상생활과 불가분의 관계를 맺고 있다. 특히 인터넷은 개인이 쉽게 접근할 수 있는 미디어 공간으로서 이메일, 블로그, SNS(트위터, 페이스북, 메신저, 네이버 밴드, 카카오톡, 카카오 스토리) 등을 자유롭게 할 수 있는 매체가 된다. 인터넷 매체는 사적 영역과 공적 영역이 공존하는 것이 특징이다. 개인이 주체가 되어 자기 자신을 표현할 수 있는 공간인 동시에 다른 사람들과 의사소통을 하거나 정보를 공유할 수 있는 공간이라는 점에서 신문이나 방송, 잡지 등의 일방적인 대중매체와 구별된다.

1) 이메일

이메일은 시간적·공간적 제약을 초월하여 어느 곳이든 순식간에 전송이 가능하기 때문에 단순히 메시지를 전달하는 의사소통의 수단을 넘어선다. 이메일은 어느 포털 사이트에서든지 신청만 하면 누구에게나 제공되고 있어 각종 정보와 자료를 주고받는 기능뿐 아니라 비즈니스에도 유용하게 사용되고 있다.

(1) 이메일 작성 방법

① 제목을 달아 준다.

② 간결하고, 이해하기 쉽게 쓴다.

③ 분문 서두에 본인이 누구인지 밝힌다.

④ TO(수신)과 CC(참조)를 구분한다.

⑤ 첨부 파일의 용량을 줄여 수신자가 빨리 열어 볼 수 있게 한다.

⑥ 회신으로 보낼 것인지, 새로운 메일로 보낼 것인지 신중히 판단한다.

⑦ 보내기 전에 내용을 다시 한 번 검토하고, 오자·탈자는 없는지 확인한다.

⑧ 흥분한 상태에서는 메일을 보내지 않는다.

⑨ 삭제된 이메일이 특별한 목적을 위해 공식적으로 복구될 수도 있다는 것을 알아야 한다.

⑩ 보내기 버튼을 클릭하기 전 마지막 단계에서 주소를 입력한다. 그러면 완성되지 않은 메시지를 보내는 실수를 막을 수 있다.

연습

1. 교수님께 이메일을 보내고자 한다. 이메일 작성 방식과 주의 사항을 고려하여 이메일을 작성해 보자.

2. 이메일을 주고받으며 자신이 경험한 실수나 유익했던 기억 등을 정리해 보자.

2) SNS (Social Network Service)

SNS는 온라인상에서 특정 또는 불특정 다수와 관계를 맺고 의사소통을 할 수 있고, 각종 정보를 교환할 수 있는 서비스 체계이다. SNS는 해당 포털 사이트에서 회원 가입을 하고 신청 하기만 하면 누구에게나 제공되는 1인 미디어 공간으로서 카카오톡, 트위터, 페이스북 등과 같은 정보 공유 공간을 포괄하는 개념이다. 현재 많은 사람이 다른 사람과 의사소통을 하거나 정보를 공유·검색하는 데 이러한 SNS를 일상적으로 활용하고 있다. SNS는 이 외에도 전자우편이나 인스턴트 메신저 서비스로 사용자끼리 서로 연락할 수 있는 수단을 제공한다. 요즘은 SNS의 서비스와 형태도 다양해져 스마트 기기를 이용한 모바일 접속이 가능해졌고, 통화·회의·쇼핑 등 다양한 기능이 부가되었다.

(1) 카카오톡 (www.kakao.com/talk)

카카오톡은 주식회사 카카오가 2010년 3월 18일 서비스를 시작한 글로벌 모바일 인스턴트 메신저이다. 카카오톡은 현재 스마트폰 사용자를 대상으로 프리웨어로 제공된다.

카카오톡은 상대방과 단순한 대화기능 외에 상대방에게 메시지, 사진, 동영상, 음성, 연락처 등을 전송할 수 있으며, 1:1채팅은 물론 많은 사람과 함께 그룹 채팅을 즐길 수 있다. WiFi나 3G·4G망을 이용하여 실시간으로 음성 통화를 할 수 있다. 컴퓨터를 통해 인증을 한 뒤 모바일과 동일한 형식으로 카카오톡을 이용할 수 있다.

기기를 교체하거나 번호를 변경하여도 카카오 계정으로 다시 로그인을 하면 이전에 사용했던 카카오톡의 친구 목록, 내 프로필 사진, 카톡 아이디 등을 다시 불러올 수 있으며, 카카오 게임·스토리·그룹·앨범 등을 카카오 계정으로 연결해 이용할 수 있다.

(2) 페이스북 (www.facebook.com)

페이스북은 전 세계 최대의 소셜 네트워크 서비스이다. 미국의 유명 소셜 네트워크 서비스 웹 사이트로서 2004년 2월 4일, 당시 19살이었던 하버드대학교 학생 마크 주커버그(Mark Zuckerberg)가 학교 기숙사에서 사이트를 개설하며 창업하였으며, 처음에는 얼굴 사진이 들어있는 동창회 명부를 의미하는 것으로 하버드 학생만 이용할 수 있도록 제한된 사이트였다.

그러나 지금 페이스북은 13세 이상이면 누구든지 이름, 이메일, 생년월일, 성별을 기입하는 것만으로 간단하게 회원으로 가입할 수 있으며, '친구 맺기'를 통하여 많은 이들과 웹상에서 만나 각종 관심사와 정보를 교환하고 다양한 자료를 공유할 수 있다.

(3) 인스타그램(http://www.instagram.com/)

인스타그램은 사진과 동영상 기반의 SNS 서비스로, 케빈 시스트롬과 마이크 크리거가 2010년 10월 만들었다. 인스타그램은 즉석에서 사진을 볼 수 있도록 하는 카메라 방식인 인스턴트(instant)와 전보를 보낸다는 텔레그램(telegram)을 합친 말로, 사진을 쉽게 다른 사람에게 보여줄 수 있다는 특징을 지닌다. 트위터나 페이스북과는 다르게 글을 많이 쓰지 않고 사진이나 동영상 게시가 중심이고, 사진 보정이 쉬우며, 원하지 않는 상대와 상호관계를 맺지 않아도 되기 때문에 10대와 20대 사용자 비중이 높다는 특징이 있다.

(4) 트위터(http://twitter.com/)

트위터는 소셜 네트워크 사이트의 특성을 인스턴트 메시지 기능과 결합한 네트워크 서비스이다. 트위터 사용자들은 140자의 짧은 메시지로 의사소통을 한다. 따라서 '지저귀다(twitter)'라는 말처럼 그때그때 정보, 취미, 의견, 관심사 등을 짧은 단문 형태로 올리게 된다. 트위터의 특성은 실시간으로 정보가 빠르게 확산, 공유된다는 점이다. 또, 상대방이 허락하지 않아도 '팔로워'로 등록할 수 있기 때문에 관심 있는 유명인을 등록해두고, 그들의 소식을 공유하거나 격려 메시지 등을 보내는 데 유용하게 사용된다.

연습

※ SNS를 사용해 본 경험을 바탕으로 SNS 사용의 폐해, 문제점, 유의사항 등에 대해 정리해 보자.

제목 :		
학과 :	학번 :	성명 :

제4장

창조적 글쓰기

1. 시적 상상력과 글쓰기
2. 개성적 사고와 글쓰기

글쓰기는 자신의 생각을 드러내는 일이기 때문에 쓰는 사람의 개성이 표출되게 마련이다. 다른 사람과 똑같은 시각으로 바라본다면 창조적인 글이 나올 수 없다. 창조적인 글을 쓰기 위해서는 상황이나 대상에 대하여 새롭게 바라보고 새로운 관점에서 생각해야 한다. 창의적인 안목과 사고를 기르기 위해서는 고정관념에서 탈피하는 것이 중요하다. 폭넓은 독서와 다양한 경험은 고정관념에서 벗어나 창조적인 글을 쓸 수 있는 바탕을 마련해 준다.

1. 시적 상상력과 글쓰기

시는 비유와 상징, 이미지 등의 시적 장치를 통해 간결하고 함축적인 언어로 표현되는 문학 양식이다. 시는 발생 과정에서부터 음악과 밀접한 관련을 맺고 있어서 전통적인 서정시에서는 율격이 매우 중요한 요소가 되었으나, 현대시에 올수록 율격보다는 이미지에 치중하는 경향이 강하다.

시는 형식과 표현의 측면에서 작자의 자유로운 생각을 담을 수 있는 장르이므로, 소재나 형식에 구애받지 않고 자신의 생각을 표현하는 훈련을 하기에 적합하다.

수선화에게

정호승

울지 마라
외로우니까 사람이다
살아간다는 것은 외로움을 견디는 일이다
공연히 오지 않는 전화를 기다리지 마라
눈이 오면 눈길을 걸어가고
비가 오면 빗길을 걸어가라
갈대숲에서 가슴 검은 도요새도 너를 보고 있다
가끔은 하느님도 외로워서 눈물을 흘리신다
새들이 나뭇가지에 앉아 있는 것도 외로움 때문이고
네가 물가에 앉아 있는 것도 외로움 때문이다
산 그림자도 외로워서 하루에 한 번씩 마을로 내려온다
종소리도 외로워서 울려 퍼진다

담쟁이

도종환

저것은 벽 어쩔 수 없는 벽이라고 우리가 느낄 때
그때, 담쟁이는 말없이 그 벽을 오른다.

물 한 방울 없고, 씨앗 한 톨 살아남을 수 없는
저것은 절망의 벽이라고 말할 때
담쟁이는 서두르지 않고 앞으로 나간다.

한 뼘이라도 꼭 여럿이 함께 손을 잡고 올라간다.
푸르게 절망을 다 덮을 때까지
바로 그 절망을 잡고 놓지 않는다.

저것은 넘을 수 없는 벽이라고 고개를 떨구고 있을 때
담쟁이 잎 하나는 담쟁이 잎 수천 개를 이끌고
결국 그 벽을 넘는다.

해미읍성에 가시거든

나희덕

해질 무렵 해미읍성에 가시거든
당신은 성문 밖에 말을 잠시 매어두고
고요히 걸어 들어가 두 그루 나무를 찾아보실 일입니다
가시 돋힌 탱자울타리를 따라가면
먼저 저녁해를 받고 있는 회화나무가 보일 것입니다
아직 서 있으나 시커멓게 말라버린 그 나무에는
밧줄과 사슬의 흔적 깊이 남아 있고
수천의 비명이 크고 작은 옹이로 박혀 있을 것입니다
나무가 몸을 베푸는 방식이 많기도 하지만 하필
형틀의 운명을 타고난 그 회화나무,
어찌 그가 눈 멀고 귀 멀지 않을 수 있었겠습니까

당신의 손끝은 그 상처를 아프게 만질 것입니다
그러나 당신은 더 걸어가 또다른 나무를 만나보실 일입니다
옛 동헌 앞에 심어진 아름드리 느티나무,
그 드물게 넓고 서늘한 그늘 아래서 사람들은
회화나무를 잊은 듯 웃고 있을 것이고
당신은 말없이 앉아 나뭇잎만 헤아리다 일어서겠지요.
허나 당신, 성문 밖으로 혼자 걸어나오며
단 한번만 회화나무 쪽을 천천히 바라보십시오
그 부러진 나뭇가지를 한 번도 떠난 일 없는 어둠을요
그늘과 형틀이 이리도 멀고 가까운데
당신께 제가 드릴 것은 그 어둠뿐이라는 것을요
언젠가 해미읍성에 가시거든
회화나무와 느티나무 사이를 걸어보실 일입니다

빈 집

기형도

사랑을 잃고 나는 쓰네

잘 있거라, 짧았던 밤들아
창밖을 떠돌던 겨울 안개들아
아무것도 모르던 촛불들아, 잘 있거라
공포를 기다리던 흰 종이들아
망설임을 대신하던 눈물들아
잘 있거라, 더 이상 내 것이 아닌 열망들아

장님처럼 나 이제 더듬거리며 문을 잠그네
가엾은 내 사랑 빈집에 갇혔네

오월 숲에서

강신주

오월 이맘때쯤
숲에 가면
삶이 아름답다.

이제 막 연초록 물이 차올라
맑은 하늘빛을 담아내는
큰 나무를 우러르며

벌레들은 풀 곁에서
풀들은 나무 아래서
새들은 가지 위에서
서로의 온기에 기대고 산다.

누구에게나
햇빛은 따스히 비치고
바람은 그 순한 손길로
생명들을 다독이는 오월의 숲에서

나도
온갖 생명들을 지켜갈 큰 나무에
기대어 본다.

가난한 내 삶도
이 순간
참 아름답다.

연습

1. 앞의 작품들을 감상한 후, 한 편을 선택하여 감상의 내용을 한 문단으로 써 보자.

2. 앞의 작품 중에서 한 편을 골라 패러디를 해 보자.

2. 개성적 사고와 글쓰기

개성적인 사고는 대상을 새롭게 바라보는 안목이다. 대상에 대한 새로운 안목은 깊이 있는 탐색과 사색의 결과로 형성된다. 시나 소설, 수필 등의 문학작품뿐만 아니라 사회 문화 현상 전반에 대하여 성찰하는 비평이나 칼럼 등도 개성적인 사고가 바탕이 되는 글이다. 문학작품이 정서적인 면이 강한 개성적인 글이라면 비평이나 칼럼은 비판적인 면이 강한 개성적인 글이라고 하겠다.

첨단문화와 '느림'의 미학

권오문

첨단문화가 만들어낸 속도경쟁의 저항으로 '느림'에 대한 향수가 현대인을 사로잡고 있다. 거친 격류의 삶에서 한 발짝 비켜서서 어쩌면 본질적 삶일 수 있는 느림의 물결이 현대인의 가슴을 파고들고 있다. 현대인은 일과 사교, 그리고 갖가지 사정에 얽매여 정신없이 세상을 살아갈 뿐 진정 자신의 영혼을 위해 비워둔 시간들은 없었다. 더구나 남과의 경쟁에서 뒤처지지 않기 위해 갖가지 위장술로 자신을 뒤덮은 채 가속도를 내면서 달려왔던 현대인은 그 모든 것이 자신의 영혼과는 아무런 관계가 없다는 것을 깨닫고 과거를 돌아보며 본연의 삶의 모습에 관심을 갖기 시작했다.

결국 '느림'의 물결은 속도를 중요한 특징으로 삼는 현대사회에서 '일방적으로 속도에 끌려만 다니지 말자'는 반성적 움직임이라고 볼 수 있다. '속도가 가치를 창조한다'는 21세기 디지털 시대에 '속도 맹종'에서 탈피하려는 노력들이 시대의 한 조류를 형성하면서 각 분야에 영향을 끼치고 있다.

밀려오는 '느림'의 물결

이탈리아 투스카니와 움브리아 지방의 그레베시 등 32개 소도시는 2000년 7월 '느린 도시(Slow City)' 운동을 선언했으며 오리건주 밴드시 등 미국 일부 도시들에서는 '저성장(Slow Growth) 운동'이 벌어지고 있다. 일본 서부 히라타 시청은 2000년 매주 금요일을 '컴퓨터 없는 날'로 정했다.

이들 운동은 현대의 바쁜 속도 경쟁에서 벗어나 좀 더 느릿느릿하고 조용하며 여유 있는 삶을 추구하자는 취지다. 현대문명이나 첨단기술을 무조건 배격하자는 것이 아니라 살기 편안한 곳으로 만들어 보자는 것이 목표다. 특히 '느린 도시' 운동은 고속 성장이 교통난, 범죄 등 각종 도시·환경문제를 야기할 뿐 아니라 쾌적한 주거환경을 해친다고 보고 각종 도시 개발에 대해 제동을 걸고 있다.

저성장 운동가들은 무분별한 성장보다는 보행자와 자전거 이용자들에게 편리한 도시를 만들어 나가겠다고 선언했다. 또 공장이나 아파트 단지 등을 건립할 때는 주민투표를 거치게 하는 등 고도성장에 대한 문제점들을 사전에 방지하고자 노력하고 있다.

속도경쟁에 대한 반작용은 음식문화에도 나타나고 있다. 현대 '속도문화'의 한 형태인 패스트 푸드(Fast food)를 거부하는 '슬로 푸드'(Slow food) 운동이 한창 벌어지고 있다. 북부 이탈리아 브라에 본부를 둔 슬로 푸드 운동은 45개국 이상에 400여 개의 지부를 설치했으며 1차적으로 대량 생산, 규격화, 기계화된 음식 대신 전통음식에 대한 정보를 수집, 널리 보급하는 일에 힘쓰고 있다. 음식의 맛과 향기, 다양성을 즐기는 것을 지향하고 있는 이 운동은 전자제품을 이용한 조리, 드라이브 스루(Drive-through) 식생활 등을 배격한다. 이 단체는 1989년 11월 9일 파리에서 다음과 같은 요지의 선언문을 채택했다.

> 우리는 이미 속도의 노예가 됐다. 습관을 망가뜨리고, 우리 가정의 사생활을 침해하고, 패스트푸드를 먹도록 강요하는 바쁜 생활, 즉 음흉한 바이러스가 우리 모두를 굴복시키고 있는 것이다. 우리는 지역 요리의 맛과 향을 다시 발견함과 동시에, 먹거리의 품위를 낮추는 패스트푸드를 추방해야 한다. '생산성 향상'의 이름으로 우리의 존재방식을 변화시키고, 우리의 환경과 경관을 위협하는 바쁜 생활 태도를 몰아내야 한다. 이를 위해 지금 우리가 할 수 있는 유일하고도 효과적인 방어 수단이 바로 슬로푸드 운동이다.

음식문화의 '느림' 물결은 속도와 효율을 추구하다가 결국 각종 성장 호르몬과 농약에 찌든 먹거리를 만들어 낸 기존 식생활문화에 대한 반성으로 볼 수 있다. 우리나라에서도 선식, 천연재료를 이용한 사찰음식과 채식, 전통방식으로 2~3년간 오랫동안 숙성시킨 각종 장류가 인기를 끌고 있는 것도 이러한 추세를 반영하고 있다.

속도 경쟁을 주도하는 과학기술 분야도 예외는 아니다. 1000년에 겨우 한 바퀴, 그래서 무려 1만 년 동안 작동하는 시계가 미국 사막지대에 만들어진다. 세상에서 가장 느리게 움직이게 될 이 시계를 만드는 롱나우(Long Now)재단은 "가속화되는 문명의 속도에 삶의 리듬감을 잃어버린 현대인들에게 '시간'과 '책임감'에 대한 새로운 시각을 제공"하기 위해 '만년시계'를 기획했다고 밝혔다. 작년 소니사는 손으로 태엽을 돌려 에너지를 충전해 들을 수 있는 라디오를 개발했다. 한 시간을 돌려야 겨우 30분을 들을 수 있는 휴대용 라디오다. 나이지리아인 모하메드 바흐 압바는 작년 10월 전기가 들어오지 않는 오지에서도 사용할 수 있는 냉장고를 개발했고 8월에는 미국 플로리다주 탬파시의 사우스플로리다 대학의 스튜어트 윌턴슨 박사팀이 설탕을 먹고 움직이는 '가스트로봇'을 개발해 화제를 모았다. 과학기술 분야에서 '느림' 현상은 전기를 사용하지 않는 기기를 개발하는 데로 모아지고 있다. 결국 빠른 것만을 추구하는 현대인의 삶 속에서 느림도 충분히 창조적인 것이 될 수 있다고 이들은 보는 것이다.

시간예술인 음악에서 느림의 물결은 더욱 뚜렷하다. 특히 아날로그 문화에 대한 향수도 이런 현상들과 연관된다. CD와 MP3 등 디지털 음반이 주류를 이루는 가운데서 90년 이후 생산이 중단된 LP가 각광을 받고 있는 것이 대표적 사례다. 국선도, 단학선원, 요가 등으로 대표되는 '명상'과 같은 정적인 활동도 큰 인기를 누리고 있다.

기업인들도 '느림'의 철학을 경영에 반영하고 있다. 21세기 경영에는 혁명적 사고가 물론 중요하지만 이를 위해서는 휴식이 필수적이라고 보는 것이다. 정보통신(IT) 분야를 중심으로 한 미국의 새 경제 엘리트들은 이 점을 충분히 인식, 휴식이나 취미 · 문화 향유를 중요시하고 있다. 경영에서 느림은 원칙과 기본을 준수하는 것을 의미한다. 이러한 기본을 무시한 채 외형적으로 급성장한 재벌들이 잇따라 무너지는 현실에서 우리 기업들도 느림의 철학을 제대로 깨달아야 할 때가 됐다.

본질을 찾아가는 시간의 철학

산업사회에서는 빠른 것이 최고의 미덕이었다. 산업화가 진행될수록, 인구밀도가 높을수록, 개인주의가 발달한 곳일수록 시간의 흐름을 재촉했다. 인간도 앞만 보고 달리기만 했다. 그래서 모두들 조급증에 걸렸다. 요즘 들어 우리들은 더욱 시간에 쫓기고 있다. 예를 들어 속도 경쟁의 결정체인 휴대폰이 인간을 가두고 있다. 휴대폰이 울리지 않으면 불안해진다. 어쩌면 우린 끊임없이 넋을 앗기고 있는지 모른다. 결국 인간은 자기를 잃어버린 채 살고 있다. 남만을 좇다가 결국 '나'를 잃어버린 것이다. 나를 보지 않은 채 세상만 보고 허둥지둥 달리다 보면 결국 속도에 매몰되고 마는 것이다.

인류는 이미 '속도 맹신'의 대가를 치르기 시작했다. 광우병이 그 단적인 예다. 초식과 되새김질을 기본 속성으로 하는 소에게 고속 성장을 위해 동물 사료를 먹인 결과가 광우병이라는 재앙으로 나타나고 있다.

속도경쟁에서 가장 먼저 황폐화되는 것은 정신문화이다. 빠름만이 계속될 경우 인체는 흥분, 초조, 불안 등의 상태가 지속되며 혈압상승, 소화불량, 어지럼증, 우울증 등 건강 이상을 유발한다. 사람은 긴장과 이완이 적절히 반복돼야 한다. 따라서 명상, 참선, 운동, 취미생활 등을 통해 자율신경계의 긴장을 해소하는 것이 필요하다는 것. 정신의학자들은 '느림'이 빠른 현대생활에서 조성된 자율신경계의 긴장을 이완시켜 주는 역할을 한다고 파악한다.

프랑스 철학자 피에르 상소의 『느리게 산다는 것의 의미』에서는 '빨리빨리'를 외치는 속도 맹종의 시대에 '시간에 쫓기는 괴로움을 당하지 말라'며 오히려 느림보의 역설을 제안했다. 그는 "느림이란 시간을 급하게 다루지 않고, 시간의 재촉에 떠밀려 가지 않겠다는 결심에서 나오는 것이며, 또한 삶의 길을 가는 동안 나 자신을 잊어버리지 않을 수 있는 능력과 세상을 받아들일 수 있는 능력을 키우겠다는 확고한 의지에서 비롯된다"고 했다. 또 "느림은 그 자체로서 가치를 갖지는 않는다. 다만 우리로 하여금 불필요한 계획에 이리저리 정신을 빼앗기지 않고 명예롭게 살 수 있도록 만들어 줄 것"이라고 주장했다.

그는 ① 나만의 시간을 갖고 발길 닿는 대로, 풍경이 부르는 대로 한가로이 거닐어 볼 것 ② 신뢰하는 주변 사람의 말에 완전히 집중할 것 ③ 사소한 것들에 소중한 가치를 부여하고 애정을 가질 것 ④ 자신의 내면에 자리잡고 있는 꿈을 일깨울 것 ⑤ 모든 가능성을 열어두고 기다릴 것, ⑥ 지나간 낡은 시간, 추억의 한 부분을 다시 떠올릴 것, ⑦ 내면에서 조금씩 진실이 자라날 수 있도록 글쓰기를 할 것 ⑧ 와인의 세계에 빠져볼 것 ⑨ 절제보다는 절도를 실천할 것 등을 제시했다.

『느림』을 쓴 체코 출신 작가 밀란 쿤데라는 "속도는 기술혁명이 인간에게 선사한 엑스터시"라며 "느림이란 감속의 기법을 다룰 줄 아는 지혜"라고 했다. 『시간』의 저자 가이슬러는 "느림이야말로 바로 창조의 전제이고, 느림이 신뢰와 사랑 그리고 결속을 만들어 준다"고 역설했다.

함인희 이화여대 교수(사회학)는 "느림은 갈수록 속도경쟁에 내몰리는 자본주의에 대한 일종의 저항"이라고 보고 있다. 그는 "뉴욕 증시와 한국 증시가 함께 움직이고, 지구 반대편의 실험실들이 밤낮을 번갈아 가며 연구를 계속하는 속도의 시대에 자본은 더 빠르게 이윤을 내기 위해 생산뿐 아니라 시간의 소비를 재촉한다"며 "시간 속에 자본주의의 생산과 소비, 그리고 계급의 모습이 담겨 있다"고 말한다.

학자들이 '느림'을 주장하는 배경에는 "사소한 것을 털어 버리고 본질적인 것에 집중하자"는 의미가 담겨 있다. 정신없이 돌아가는 일상에서 벗어나 조용히 자신을 돌아볼 수 있는 여유를 찾을 필요가 있다는 것이다. 결국 느림의 철학은 자신의 정체성에 대한 확신, 자기의 모습을 파악하는 데 초점이 모아지고 있다.

이제 시간의 노예가 아닌 주인이 되는 길, 그것은 잃어버린 '나'를 찾는 일이다. 물론 우리에게서 즐거움을 앗아간 것은 속도가 아니라 속도를 빙자한 조급함일 수도 있다. 속도를 내는 이유는 느림을 확보하고 자기 시간을 갖자는 것이다.

여기서 가장 중요한 것은 균형감각이다. 일과 삶 사이의 균형, 질과 양의 적절한 조화, 타인에 대한 배려, 자연과 인간의 공존 같은 것 말이다. 그렇지만 무엇보다 중요한 것은 분에 넘치지 않는 것이다.

삶의 질이란 결코 거창한 것이 아니다. 일상에서 해낼 수 있는 작은 일들을 꾸준히, 정성스레 해내는 가운데 축적되는 것이다. 이제 느림과 빠름의 양면을 적절히 조화시키면서 시간을 통제할 줄 아는 지혜를 갖춰야 할 것이다. 그것만이 자신의 삶을 헛되게 보내지 않고 보람차게 살 수 있기 때문이다.

–『디지털문화 읽기』(새미, 2001)

커피와 지도

김민웅

커피 한 잔의 향기가 세상을 바꾸지는 못할지라도, 그 세상에서 오는 우울함을 달래줄 때가 있다. 그건 차를 마실 때와는 분명 다른 기분이다. 이국의 풍경이 진한 갈색의 작은 물결 속에 환영처럼 흔들리고, 우리는 커피 한 잔으로 여행을 떠나기도 한다. 나그네가 마시는 오지(奧地)의 향료이다.

오래전 아프리카의 밀림에서 자라던 나무열매가 이슬람의 낙타를 타고 이스탄불 칼리프의 묘약이 되었다가 유럽의 어느 도시 카페에서 제맛을 내기까지 커피 한 잔에도 역사가 담겨 있다. 남미 카리브 해 연안의 작은 나라들도 이 역사의 대열에 합류한다. 평소에는 낯설었던 인도네시아의 섬들도 나그네의 상상 속에 거쳐가는 경유지가 된다. 순간, 자바와 에티오피아 그리고 온두라스는 단순히 나라 이름이 아니라 커피의 원산지가 되고 원두커피를 찾는 이의 교양 수준이라도 되는 듯 격이 다른 울림을 갖는다. 모차르트나 베토벤의 음악에 대한 일견을 과시하는 것과는 종류가 다른 또 하나의 문명이다.

커피 한 잔으로 떠나는 여행

사실 이름대로라면 차를 파는 자리여야 하지만 차보다는 커피를 파는 집으로 되어버린 다방(茶房)이 생겨난 것은 근대의 도시 풍경이다. 그곳을 들락거리는 것이 한때 문화인의 풍류였는데, 시인 이상이 1933년 종로 1가에, 지금 보면 웃음이 절로 나는 이름인 '제비 다방'을 연 것도 커피와 문화가 하나로 통했던 시절의 모습이다. 거기서 우린 문학보다 원고료에 목마른 시인을 보았고, 비서 하나 없이 명함만 사장인 사람들도 무수히 만났다. 연애만 밝히는 백수 한량도 진종일 앉아 있던 것을 기억한다. 가난한 시대의 자화상들이다.

그러나 어느새 '다방'이라는 명칭은 쓸모없어진 구식 살림살이 같은 처지가 되고 말았고, 커피를 파는 집은 대부분 서양식 이름으로 바뀌었다. 삐걱거리는 계단을 올라가면 낡은 추억 속의 '학림 다방'은, 그 틈에서 아직도 살아남은 동숭동 대학로의 따스한 고적(古跡)이다. 1956년에 문을 연 이 다방은 2006년 50주년을 맞이했다. 커피와의 인연도 우리에겐 이젠 문화사의 일부가 되었다.

그런데 원산지가 다만 상품의 이름으로만 기억되는 것은 아무래도 슬프다. 커피의 식민주의는 여전히 남아 있다. 레비스트로스가 1937년 브라질 원주민 사회에 대한 비애를 '슬픈 열대'로 표현했던 현실은 지금까지 그리 크게 바뀌지 않았기 때문이다. 그런 중에도, 커피는 독자적인 세계를 스스로 만들어 냈다. 깊고 짙은 맛의 에스프레소를 멋지게 뽑아내는 바리스타의 출현과 그들의 전문성에 대한 존중은 커피의 품격에 대한 기대가 달라진 것을 보여 준다. 정성스럽게 커피를 만들어내는 카페 주인을 만날 때면 감사하기 이를 데 없다. 마치 작품을 만들어 내는 장인의 솜씨와 자부심이 그에게 느껴지기 때문이다. 에티오피아의 태양과 자바의 숲, 그리고 온두라스의 코발트 빛 카리브 해가 그의 손에서 빚어지는 듯하다. 그럴 때 커피 한 잔은 한 번도 가본 적이 없는 원산지의 길을 안내하는 작은 지도가 되는 착각을 불러일으키기도 한다. 지나친 상상일까?

대학 시절, 설악산을 서에서 동으로 횡단했을 때다. 지도를 믿고 등반하는 과정에서 깨달은 것은, 종이 위에 그려진 자연의 구도와 실제로 마주한 자연이 전혀 다르다는 점이었다. 이만큼 넘으면 또 저기에 산이 있고 이 계곡을 건너면 길이 끝나나 했지만 다시 저편으로 산자락이 펼쳐진다. 폭포마다 생김새가 다르고 지나는 길이 사뭇 예상보다 험했다. 사실 당연한 일이었는데도 세밀한 지도라면 무조건 신뢰했던 생각에 적지 않은 충격을 경험했다. 중요한 것은 언제나 지도를 읽는 방법의 훈련이라고 여겼지, 지도 자체에 질문을 던진다는 것은 떠올려 본 적이 없었던 탓이다.

위치, 거리, 높이 등이 표시된 지도는 막상 산에 들어서면 느끼게 되는 산의 지세(地勢)를 파악하는 데는 별로 도움이 되지 못함을 알게 된다. 강으로 이어지는 물길의 흐름도 마찬가지로 담아내지 못한다. 우리가 익히 알고 있는 지도로는 첩첩이 겹쳐 보이는 산의 맥박을 감지할 길이 없다.

욕망이 그리는 지도

그런데 그것은 다만 자연에 대한 측정과 표현방식의 차이만은 아니다. 본질적으로 자연을 대하는 세계관의 차이다. 이른바 근대의 전환기에 서양에서 발달한 경도와 위도의 개념은 각 지역의 좌표를 의미하기도 하지만 본래 땅에 그어져 있지도 않은 선을 자연에 덧씌워 만든 측정 기준에 불과했다. 이를 절대기준으로 삼아 분할할 수 없는 자연을 자신의 손 안에 장악하는 방식이다. '땅따먹기를 위한 선 긋기'였다. 그러한 방식으로 만들어진 지도는 결국 그 위도와 경도 안에 들어 있는 지역을 지배하기 위한 도구로 기능하게 된다. 그렇기 때문에 이러한 지도에는 산의 지세와 강의 흐름에 따라 이어지는 마을들의 현실이 중요하지 않다. 그 안에서 살아가는 인간의 삶이 소중하다고 생각할 여지가 없다. 위도와 경도로 구획된 영토라는 관점만 중요해진다.

산도, 강도, 들판도 이 좌표설정 방식에 의해 나뉘게 된다. 자로 선을 그으면 경계선 이

쪽과 저쪽이라는 차이만 있을 뿐, 그 선에 걸쳐 있는 산하(山河)의 의미는 짚어지지 않는다. 선을 죽 그어 그 안에 들어오는 것들은 모두 욕망의 대상으로 전락하고 만다. 아니나 다를까 북아프리카의 알제리, 리비아와 이집트, 그리고 수단을 보면 국경선이 모두 일직선으로 되어 있다. 프랑스, 영국, 이탈리아가 이들 지역을 정복 · 지배하면서 만들어낸 제국의 경계선들이다. 한때 한반도의 허리를 갈라놓았던 분단의 경계선 38선도 산세와 지세, 그리고 강이 만들어 내는 이어지고 끊어짐과는 아무런 상관이 없다. 선을 긋는 자들은 아주 간단히 그어 버렸지만, 그렇게 해서 자연의 소통과 인간의 살림살이를 절단 내버렸다.

삶의 숨결이 담긴 지도 그리기

우리의 옛 지도들을 자세히 보면 발로 걸어 주변을 유심히 살펴보면서 그려낸 것이라는 사실을 알게 된다. 산세를 드러내는 산맥이 뚜렷이 그려져 있고, 강줄기가 산과 함께 묘사되어 있으며 마을의 모양새까지 정겹게 담겨 있다. 말하자면 자연의 생명력을 그대로 존중하고 그것을 따라 형성된 지형과 산세 그리고 하천의 흐름을 표현해 내려 했던 것이다. 그런 지도를 물끄러미 보고 있으면 마음이 따뜻해진다. 자를 대고 그은 직선이 아닌, 자연미 자체를 표현한 곡선이 어우러져 있고 도대체 몇 고개를 넘으면 건넛마을로 갈 수 있을지 어렵지 않게 가늠할 수 있다. 지세를 알고 있으니 가파르지 않은 길을 따라 편한 방향을 잡을 수 있고, 날이 더우면 강줄기를 따라 유유히 나그넷길로 갈 수도 있다. 배고프면 인가(人家) 쪽으로 발길을 돌리면 되니 지도 안에 인정(人情)이 스며 있다. 그 안에서 살아가고 있는 인간과 자연이 서로 교감하는 숨결이 느껴지는 화법(畵法)이다.

1569년 메르카토르(Mercator)에 의해 출발점을 찍은 오늘날의 세계지도 도법은 앞서 언급했듯이 식민주의적 진격의 도구로 발전했다. 그러나 서구의 지도가 원래 그랬던 것은 아니다. 유럽 중세의 지도는 우리의 지도와 흡사한 분위기를 보여준다. 대단히 회화적이어서 영주의 성과 농토, 주변의 산하가 그림처럼 펼쳐진다. 그런 지도는 그 시대의 공동체가 지니고 있는 생활의 숨결과 자연의 풍모를 담고 있다. 이후 도시가 형성되는 과정에서도 지도는 지역의 산과 하천과 숲, 그리고 바다와 접한 땅의 모습을 여유롭게 보여준다. 그래서 발로 다니면서 볼 수 있는 구불구불한 거리와 길, 자기 집과 이웃집, 가게와 놀이터, 학교와 커피 마시는 곳이 아름답고 재미있게 그려진 새로운 지도가 만들어진다면 어떨까? 이를테면 회화적인 지도를 그리는 학습의 가치를 발견하도록 해 보는 거다. 논과 밭, 그 마을의 고옥(古屋)이 동화처럼 표시되어 있는 지도들이 일상에서 친근하게 존재하는 환경을 만들어 가는 것이다. 도시의 골목, 마을의 어귀, 시내가 흐르는 수풀 사이로 거니는 우리의 모습이 떠오를 법한 지도 말이다.

세계지도 역시 다르지 않다. 사람들이 살아가는 모습과 자연의 아름다움이 어우러진 지도, 그리고 국가의 경계선으로 나뉘지 않은, 산의 맥박과 강의 핏줄이 중심이 된 그런 지도는 벽에 걸어 놓는 것만으로도 예술이 될 것이다.

그러다 보면 우리는 인류 공동체가 함께 누리고 지켜야 할 그런 지구의 생명을 깨우쳐 발견하지 않을까. 지배와 욕망의 유혹은 그곳에 들어설 자리가 없다. '지도'란 어떤 규칙과 원리에 의해 자를 대고 만들어야 하는 것이 아니라, 우리가 새롭게 발견하는 세상의 가치만큼 다르게 그릴 수 있는 '백지의 무한 공간'이라는 자유를 누려 봄이 어떤가. 그 지도 위의 땅은 삶과 어울려 본래의 생명력을 마음껏 뿜어내는 곳임을 일깨워 줄 것이다.

단지 커피 한 잔 마실 뿐인데, 참으로 멀리도 여행을 하고 돌아오는 중이다. 지도 하나에도 세상이 어떻게 관리되어왔는지가 드러나기 때문이다. 커피는 분명 그 지도 위의 길을 따라 내게로 왔다. 그러나 멋진 향과 깊은 맛에 취하면서도 커피가 '슬픈 열대'의 역사를 감춰진 상처처럼 여전히 지니고 있다면 도리어 우울해지지 않을까. 세상이 본래 지니고 있는 생명의 힘이 힘차게 뿜어져 나오는 지도를 함께 그릴 수 있는 날이 왔으면 좋겠다. 그런 지도가 새겨 놓은 길을 거쳐 커피가 내게로 온다면 무척이나 설레겠다. 그러는 순간, 한 잔의 커피는 진정한 이국(異國)의 묘약이 될 것이다. 아직 가보지 못해 볼 수 없었던 또 다른 하늘과 바다와 숲, 그리고 태양이 그 안에서 하나 되어 황홀하게 춤출 것만 같다.

–『자유인의 풍경』(한길사, 2007)

연습

1. 위 글의 내용을 각각 한 문단으로 요약해 보자.

권오문, 「첨단문화와 '느림'의 미학」

김민웅, 「커피와 지도」

2. 권오문 글에서의 '느림의 미학'과 김민웅 글에서의 '회화적 지도'의 공통점을 정리해 보자.

느림의 미학	회화적 지도

3. 우리 사회에 필요한 느림의 미학에는 어떤 것이 있는지 정리해 보자.

내용	현재	변화 이후
교육 정책	정권이 바뀔 때마다 교육정책이 바뀐다.	한번 시행된 정책은 꾸준히 지속되어야 한다.

'취향 공동체'의 탄생

진중권

커피가 아니라 브랜드를 사고 상품과 상품 사이의 '차이'를 소비하네

'언제 한국 사람이 다 됐다고 느끼는가?' 한국에 사는 어느 외국인이 인터넷에 올린 글이다. 대답은 다양하다. "식당에 가서, 아줌마 '빨리빨리'라고 외칠 때." "두루마리 휴지가 식탁에 있어도 아무렇지도 않을 때." 그중에는 이런 것도 있다. "자판기 커피가 맛있다고 느껴질 때." 실제로 유학 갔다 처음 돌아왔을 때만 해도 자판기 커피는 끔찍했는데, 요즘은 자판기 커피가 정말 맛있다. 그것의 진정한 매력은 물론 타의 추종을 불허하는 그 압도적인 가격 경쟁력에 있다.

자판기남과 스타벅스녀의 격돌

커피 한 잔에 300원 하는 사회에서 스타벅스는 가끔 문제로 여겨진다. 자판기 남성들 중 몰지각한 일부는 700원짜리 삼각김밥으로 점심을 때우면서 한 잔에 5천원짜리 스타벅스 커피를 마시는 '된장녀'를 비난한다. 하지만 5천 원짜리 밥 사먹는 주제에 술집 가서는 수십만 원을 쓰는 '된장남'의 행태가 문제가 되는 경우는 좀처럼 없다. 커피 한 잔을 둘러싸고도 성 권력은 어김없이 끼어드는 모양이다. 이보다는 좀 더 합리적인 이유로 공격하는 경우도 있다.

"매일 식사 후 습관처럼 마신다고 했을 때 한 달에 20일만 잡아도 족히 10만 원은 된다. 적립식 펀드에 하나 더 가입할 수 있는 자금이다. 1년이면 원금만 120만 원, 10년이면 1200만 원, 50년이면 6천만 원이 된다. 지금 마시고 있는 커피 한 잔의 가치는 5천 원이 아니라 미래의 6천만 원이다." 『스타벅스 커피를 마시는 여자 스타벅스 주식을 사는 여자』라는 책에 나오는 구절이라고 한다. 책의 저자에게 그 6천만 원으로 나중에 뭐할 거냐고 물으면, 이렇게 대답하지 않을까? "스타벅스에 가서 커피 마시지."

'취미' 혹은 '취향'이라는 낱말은 글자 그대로 입맛(taste)을 뜻했다. 이 낱말이 이성중심주의 문화 속에서 시각과 청각의 섬세함으로 지각 능력으로 전의된 것이다. 노베르트 엘리아스는 감각의 섬세화를 문명화 과정, 특히 궁정화의 산물로 설명한다. 폭식과 폭음을 일삼던 중세의 호전적 전사들이 궁정에서 귀족으로 변신하는 과정에서 점차 취향의 섬세함을 평가하게 됐다는 것. 이 세련된 궁정 취향은 훗날 시민계급에게 받아들여지고, 민주주의와 시장주의의 확산을 통해 일반 시민들에게까지 퍼지게 된다.

'취미'의 탄생을 목격한 최초의 증언은 세르반테스의 『돈키호테』가 아닐까. 거기에는 산초 판자가 제 조상 자랑을 하는 장면이 나온다. 자기 조상 중에 형제가 있었는데, 와인을 맛보는 섬세한 미각으로 유명했단다. 훌륭한 와인 통을 개봉하는 날, 동네 사람들이 그들에게 맛을 봐 달라고 부탁했다. 먼저 맛을 본 형은 "맛이 훌륭하나 어딘지 금속 맛이 남는다"고 했고, 동생은 "맛이 훌륭하나 어딘지 가죽 맛이 남는다"고 했다. 사람들은 형제를 비웃었으나, 나중에 다 비운 와인통 바닥에서 가죽 고리가 달린 열쇠가 나왔다나?

미학을 닮아가는 미래의 경제학

커피가 와인과 달라야 할 이유가 어디에 있는가? '스타벅스'는 유럽의 섬세한 커피 취향을 미국에 도입해 성공을 거두었다. 어떤 원두를, 어떻게 갈아, 무엇과 섞느냐에 따라 다양한 커피가 만들어진다. 마담이 타 주는 다방 커피에 계란 노른자를 띄워 먹다가, 설탕과 크림 분말의 혼합비로 취향을 드러내는 단계를 거쳐, 다양한 원산지의 커피들의 질적 차이에 대한 감각을 섬세히 분화시키는 단계. 거기에는 어떤 거부할 수 없는 문화적 필연성이 있다.

스타벅스는 커피의 입맛(taste)을 하나의 미학적 취향(taste)으로 바꾸어 놓았다. 스타벅스는 커피 이상의 현상으로, 그들이 파는 것은 커피가 아니라 브랜드다. 사이렌이 그려진 로고가 달린 머그잔·티셔츠·일기장은 문화적 아이콘으로 소비된다. 빈티지풍의 푸른색 사이렌 로고는 제법 고풍스런 원본의 아우라를 풍기며 스타벅스의 뿌리 없음을 슬쩍 은폐한다. 커피잔과 아이템 위에 새겨진 사이렌의 로고는 그것을 소유한 이가 어떤 '취향 공동체'의 일원이라고 말해준다. 일종의 '종족화' 현상이랄까.

고객은 "거기에 가면 늘 뭔가 새로운 아이템을 발견할 수 있기 때문에" 스타벅스를 찾는다고 말한다. 그 아이템은 물론 물질적인 것에 국한되지 않는다. 스타벅스는 커피가 아니라 커피의 취향을 팔고, 나아가 문화적 취향을 판다. 스타벅스는 매장에 흐르는 음악의 선곡자이며, 읽을 만한 책의 추천자이자 볼 만한 공연의 기획자다. 그것은 취향의 방향을 결정하는 비평가다. 듣자 하니 기존의 아이템을 선택하는 수준을 넘어, 앞으로는 아예 새로운 저자, 새로운 가수를 발굴해 소개하고, 새로운 영화까지 만들 예정이란다.

스타벅스는 식품산업을 문화산업으로 변화시켰다. 물론 이는 스타벅스만의 전유물이 아니다. 애플 사용자들은 컴퓨터의 성능이 아니라, 그것의 디자인으로 자신의 문화적 정체성을 연출하는 데에 민감하다. 애플숍에서는 컴퓨터와 주변기기만 파는 게 아니다. 그들은 취향을 판다. 자기의 사용자들이 자사의 기기가 아니라 브랜드를 소비하고 있다는 것을 잘 알기 때문이다. 이 전략이 보여 주는 것은, '미래의 경제학은 점점 더 미학을 닮아 간다'는 사실이리라.

스타벅스를 바라보는 또 하나의 삐딱한 시각은 사회학에서 나온다. 상품을 통해 특정 계층에 속한다는 사실을 과시하는 것을 보드리야르는 '파노플리 효과'라 불렀다고 한다. 피에르 부르디외라면 이를 계급적 차이를 드러내기 위한 '구별 짓기'로 설명할지 모르겠다. 시뮬라시옹의 세계에서는 허구 자체가 세계가 되는 법. 허구로서의 커피, 서사로서의 커피가 오늘날에는 이미 에스프레소의 진한 액체만큼 진한 물질적 현실이다.

중요한 것은 사용가치가 아니라 기호가치

대중은 상품과 상품 사이의 '차이'를 소비한다. 중요한 것은 사용가치가 아니라 기호가치다. 생산과 , 다시 말해 물질이 아닌 브랜드 그 자체, 혹은 물질의 디자인과 결합된 브랜드일 것이다. 스타벅스는 취미를 선사하고, 전달하고, 창조하는 문화적 매체다. 오늘날 기업은 취미로 묶인 상상의 공동체를 수신자로 갖는 미디어가 되었다.

–「한겨레 21」 742호(2009. 1. 2.)

예술의 옆에 커피 '과학'을

정재승

과학기술자들의 불면증으로 시작해 21세기형 인간의 뇌를 중독시켰네

1980년대 초반. 시애틀의 한 커피숍이 '우유가 들어간 따뜻한 커피'를 팔면서 읽기도 힘든 이탈리아어를 메뉴판에 써넣기 전까지 미국 사람들은 '카페라테'(Cafe Latte)라는 단어를 알지 못했다. 매년 전 세계 지구인들에게 23억 잔의 커피를 팔고 매주 900t의 원두를 포장 판매하며 연간 10조 원의 매출액을 올리는 다국적 기업. '공정무역 커피'라는 이름으로 커피 문화 운동에 동참하면서도 매출액의 90%가 순이익이어서 창업자 하워드 슐츠를 평범한 지배인에서 25년 만에 세계 359위의 부자로 만들어 놓은 커피숍 스타벅스. 그들은 어떻게 지구라는 거대한 행성의 도시 곳곳에 별가루(Star Bucks)를 박아 넣을 수 있었을까?

시애틀의 잠 못 이루는 밤

스타벅스가 지금과 같은 인기를 누리게 된 이유를 추적하다 보면, 과학이 크게 한몫을 했다는 사실에 놀라게 된다. 미국 내 커피 소비량이 꾸준히 줄어들고 있던 1980년대 초반 무렵, 이탈리아에 갔다가 에스프레소 커피 향에 매료된 하워드 슐츠는 원두를 파는 시애틀의 작은 커피가게 하나를 인수해 커피숍으로 바꾸고, 50센트 커피 시대에 무려 3달러짜리 커피를 팔기 시작했다. 그것도 종이컵에.

그러나 그가 종이컵에 담은 것은 커피만이 아니었다. 그가 담은 것은 커피를 향유하는 유럽의 고급문화. 모든 메뉴판의 커피 이름을 이탈리아어로 바꾸고, 매장을 온통 진한 커피 향으로 가득 메웠다. 벽면은 고급스런 갈색톤으로 바꾸어 놓았고, 예술적 감각이 살아 숨쉬는 미적인 그림들로 채웠다. 또 고급스런 재즈 음악을 맘껏 들을 수 있는 공간으로 바꾸어 놓았다.

스타벅스 분위기에 흠뻑 빠진 사람들은 다름 아닌 '시애틀의 과학기술자들'이었다. 비가 많이 오고 밤이 길어 '우울한 도시'였던 시애틀에 빌 게이츠의 마이크로소프트 본사가 들어섰고, 관련 정보기술(IT) 기업들이 줄지어 시애틀로 들어왔지만, 그곳에서 일하는 과학기술자들이 즐길 만한 곳은 그리 많지 않았다. 임금 수준이 높고 지적인 과학기술자들은 이탈리아어에 대한 동경이 있었고, 무엇보다 자신들의 사회적 지위를 드러내려는 욕구가 강했다. 컴퓨터를 주무르던 과학기술자들은 스타벅스를 찾는 것으로 자신의 지위를 드러냈고, 3달러짜리 스타벅스 커피는 시애틀의 과학기술자들을 몹시도 잠 못 이루게 했다. 이렇게 과학기술자들은 스타벅스를 하나의 문화로 받아들이며 그것을 다른 주로 널리 퍼지게 만드는 데 결정적인 역할을 했다.

뜨거운 커피에 손이 데지 않도록 종이를 둘러주는 아이디어도 스타벅스가 처음 낸 아이디어였고, T모바일과 제휴해 무선 인터넷을 무료로 제공하는 것도 미국 내 스타벅스가 처음이었다. 지금도 미국 내 스타벅스에 가면, 대학생들이나 직장인들, 혹은 작가들이 커피 향에 둘러싸여 노트북으로 작업을 하는 모습을 심심치 않게 볼 수 있는데, 스타벅스와 너무나 잘 어울리는 풍경이다.

로고에 즐거움의 중추가 반응하다

스타벅스와 관련해 눈여겨볼 만한 사실 중 하나는 그들이 광고를 전혀 하지 않는다는 점이다. 미국 내에서 '싸고 맛있는 커피'로 유명한 던킨도너츠는 '우리들이 사랑하는 도너츠'라고 외치고 맥도널드도 다른 커피 회사와 제휴해 맛있는 커피를 함께 즐기자며 유혹하지만, 낭만과 신비를 파는 스타벅스는 광고를 하지 않는다. 아마도 이것 역시 고급화 전략 중 하나일 텐데, 대신 스타벅스는 '스타벅스 엔터테인먼트'를 만들어 음반을 판매하고 있다. 그들은 비틀스의 폴 매카트니와 독점 계약을 해 그의 새 앨범을 스타벅스에서만 살 수 있도록 하는 방식으로 자신들의 이름을 '예술'이 받아 들여지는 대뇌 영역 옆에 끼워 넣기를 하고 있는데, 스타벅스가 내놓은 음반이 그래미상을 받은 경력만도 8번이나 된다.

뇌영상장치 안에 들어 있는 일반인들에게 전 세계에서 가장 많은 매장을 가지고 있는 햄버거 가게의 로고를 보여주면, 그들의 뇌 영역 중 '고통과 불쾌'를 표상하는 인슐라(Insula)가 활성화된다. 흔하고 값이 싸며 나를 살찌우는 정크푸드 이미지가 강한 것이다. 하지만 초록 여신이 사내를 느러내고 있는 스타벅스 로고를 피험자들에게 보여주면, 즐거움의 중추(Nucleus Accumbens)와 브랜드의 가치를 음미하는 전전두엽(prefrontal cortex)이 활성화되기 시작한다. 스타벅스는 어떻게 전 세계 사람들을 초록색 로고에 긍정적으로 반응하게 만들었을까?

스타벅스는 '긍정의 심리학'을 십분 활용하고 있는 매장이다. 커피숍에서 가장 많이 팔리는 사이즈는 단연 '스몰'(small). 하지만 스타벅스에선 가장 작은 것, 가장 싼 걸 시키면서도 '톨'(tall)이라고 주문해야 한다. 돈 내고 커피를 사 먹으면서도 '스몰'이라고 주문하면서 주눅들 필요 없이, 작은 걸 사면서도 당당하게 '톨'이라고 외치도록 만든 것이다.

더 큰 것들은 '그란데'(grande), '벤티'(benti) 같은 이탈리아어 이름으로 사용하게 함으로써, 사람들의 자존심을 죽이지 않고 오히려 자존감을 높인 것은 사람들의 심리를 놀랍도록 꿰뚫은 마케팅 전략으로 보인다—우리나라에선 최근 '쇼트'(short) 같은 단어를 쓰고 있지만.

게다가 좋은 품질과 친환경을 상징하는 초록색 로고도 기여한 바 크고, 공정무역 커피를 사용한 것도 스타벅스의 친환경 이미지와 잘 맞는다. 커피를 재배하는 약소국들에 정당한 가격을 지불하고 품질 좋은 커피를 안정적으로 공급받는 커피 문화 운동의 일환으로, 스타벅스는 에티오피아 등 28개 나라로부터 질 좋은 커피를 수입해 매년 78억 7천만l를 추출하고 있다. '커피' 하면 중노동에 시달리면서도 턱없이 낮은 임금을 받는 가난한 노동자들이 떠올라 커피를 즐기지 못하는 사람들도 커피를 사 마실 수 있도록 죄책감을 덜고 있다. 나의 먹고 마시는 행위가 지구를 더럽히거나 오염시키는 것이 아니라 '좋은 일에 참여한다'는 마음을 들게 만든 것도 유효한 전략이었다.

21세기 전략 '문화를 판다'

환경과 '부의 재분배' '삶의 질'이 가장 중요한 화두로 떠오른 21세기. 미국 내 매장이 대규모 감축되고 경쟁 커피숍들이 속속 등장한다고 해도, 스타벅스는 한동안 건재할 것이다. 커피를 멀리하고 차만 즐긴다는 중국에서도 스타벅스만은 길게 늘어선 줄이 끊이지 않는다질 않는가! '상품을 파는 것이 아니라 문화를 파는 것'이라는 그들의 마케팅 전략이 21세기 문화산업의 중요한 프로토타입으로 오랫동안 유효할 것이기 때문이다. 그렇다면 우리나라에서는? 당연히 21세기를 읽는 가장 중요한 키워드다.

—「한겨레 21」 742호(2009.1.2.)

연습

1. 각각의 글을 한 문단으로 요약해 보자.

진중권, 「'취향 공동체'의 탄생」

정재승, 「예술의 옆에 커피 '과학'을」

2. 두 글의 공통점과 차이점, 새롭게 알게 된 사실이나 정보를 적어 보자.

<table>
<tr><th>구분</th><th>진중권의 글</th><th>정재승의 글</th></tr>
<tr><td>공통점</td><td colspan="2"></td></tr>
<tr><td>차이점</td><td></td><td></td></tr>
<tr><td>새롭게
알게 된
사실이나
정보</td><td></td><td></td></tr>
</table>

3. 같은 주제로 한 편의 완결된 글을 써 보자.

제목 :		
학과 :	학번 :	성명 :

마음의 성역

장영희

내가 지금 죽어 하늘의 심판대에 서서 이제껏 지상에서 지은 죄를 모두 고백해야 한다면, 무수한 죄 중에 제일 먼저 "저는 누군가의 '마음의 성역'을 침범한 적이 있습니다"라고 말할 것이다.

6, 7년 전 법학과 2학년 학생들이 수강하는 교양영어 과목과 영문과 2학년 영작 과목을 동시에 맡았던 때의 일이다. 우연히 두 반의 수강생 수가 스물네 명씩 똑같고 법학과 학생들은 모두 남학생, 영문과는 여학생만 있었다. 일부러 그렇게 만들려고 해도 만들 수 없는 좋은 기회라고 생각, 나는 두 반 학생들에게 영어로 펜팔을 시키기로 했다. 각자 배우 이름이든 작가 이름이든 자기가 잘 아는 영어 이름으로 가명을 쓸 것, 두 장 이상 영어로 쓸 것, 예쁜 편지지에 쓰되 자기 신상에 관한 말이나 낭만적인 말을 쓰지 말 것 등, 몇 개의 법칙을 정하고 임의로 남녀 짝을 지어 펜팔 상대를 정해 주었다. 나는 일주일에 한 번씩 편지를 걷어서 점검하고 배달해 주는 우체부 역할을 맡았다.

그런데 학기가 시작되고 나서 첫째 주에 영문과 여학생 하나가 휴학을 하게 되었다. 할 수 없이 그 여학생의 자리를 내가 메우기로 했는데, 나의 '펜팔' 명호(가명)에게는 말하지 않았다.

한참 이성에 관심이 많은 학생들이라, 나의 '교육적' 실험은 큰 효과를 거두어서, 영어로 문단 하나 쓰는 것도 힘들어 하는 학생들까지도 영화 이야기며 음악, 동아리 이야기들을 나누며 두 장의 편지를 꼬박꼬박 써왔고, 자신의 펜팔에게서 오는 편지를 많이 기다리는 눈치였다. 성실하고 착한 명호는 광주에서 올라와서 누나 집에서 기거하고 있는 학생이었는데, 외로움을 잘 타고 책을 많이 읽는 학생이었다. 마침 사법고시 준비를 하고 있던 터라 나는 자주 격려의 말을 써 주었다. 그런데 편지가 오고 감에 따라 나는 점차 명호가 내게, 아니 내가 가장한 '캐서린'이라는 영문과 2학년 여학생에게 마음을 주기 시작하는 것을 느꼈다.

더럭 겁이 났으나 이제 와서 캐서린이 나라고 밝힐 수는 없는 노릇이었다.

여덟 번가량의 편지 교환 후에 종강이 되었고 나는 학생들에게 모르는 사람과 편지를 나눈 기억을 대학 생활의 추억으로만 간직할 뿐, 끝까지 익명으로 남고 자신의 펜팔을 찾지 말라고 당부했다. 마지막 편지에서 명호는 "이제껏 네가 나의 외로움을 많이 달래 주어서 힘든 대학 생활을 너 때문에 잘 넘길 수 있었다. 너무 고맙고, 너를 생각하며 꼭 사법고시에 붙겠다"고 다짐했다. 그리고 또 "내가 사법고시에 합격하면 여학생 화장실 문에 '캘빈 클라인(명호의 영어 이름)이 사법고시에 붙었다'라고 써 붙이겠으니, 그러면 내가 합격한 줄로 알고 함께 기뻐해 달라"고도 썼다.

그리고 1년쯤 후, 무심히 학교로 들어오던 나는 '사법고시 여덟 명 합격!' 이라고 써 놓은 커다란 플래카드가 걸려 있는 것을 보았다. 문득 명호 생각이 났다. 밑에 있는 명단에는 분명히 '법학과 3학년 김명호'라는 이름이 적혀 있었다.

그날 오후 인문관 여학생 화장실 문 앞에는 '캘빈 클라인이 사법고시 붙었다!' 라는 A4 용지가 붙어 있었다.

혹시나 걱정하고 있는데 아니나 다를까, 다음 날 명호가 날 찾아왔다. 그 여학생을 꼭 만나게 해 달라고. 그 친구를 만나지 못하면 합격도 의미가 없다고 안타깝게 호소했다. 나는 그 여학생은 그 사이에 유학을 가서 연락이 안 된다고 또 거짓말을 했다. 명호는 자기 선생이 순전히 편의 때문에 자신의 '마음의 성역'을 마구 침범한 줄도 모르는 채 눈물을 흘리며 돌아섰다.

'마음의 성역 Sanctity of the Human heart'이라는 말은 19세기 미국 작가 너새니얼 호손(Nathaniel Hawthorne, 1804-1864)이 그의 대표작 『주홍글씨』(The Scarlet Letter, 1850)에서 쓴 말이다. 아름답고 젊은 부인 헤스터와 불륜을 범한 딤즈데일 목사에게 접근해 복수를 다짐하며 교묘하게 그의 영혼을 고문하는 늙은 칠링워스, 아이의 아버지를 밝히라는 주위의 압력에도 불구하고 가슴에 간통녀(Adultress)를 상징하는 주홍글자 'A'를 달고 딸, 펄과 묵묵히 살아가는 헤스터, 죄의식과 고뇌로 점차 쇠약해지지만 아이로니컬하게도 더욱 감동적이고 호소력 있는 설교를 하는 딤즈데일 목사, 이 세 사람의 삼각관계가 갈등의 주류를 이루는 이 소설에서 호손의 목적은 결국 미로와 같은 인간의 마음을 들여다보는 것이다. 조금씩 죽음에 다가서는 딤즈데일을 보다 못해 칠링워스가 자신의 남편이라는 사실을 밝히는 헤스터에게 딤즈데일이 말한다.

"우리가 지은 죄는 남을 해치지는 않았으나, 냉혹하게 남의 마음의 성역을 침범한 칠링워스야말로 가장 큰 죄를 지은 죄인이요!"

『주홍글씨』뿐만 아니라 호손의 작품의 근저에는 항상 '머리와 마음(Head and Heart)의 균형'이라는 주제가 깔려 있다. 즉 머리는 지력, 분석력, 이성을 말하고 마음은 감성, 이해, 용서를 관장하는데, 지력만 너무 발달해도 안 되고 그렇다고 감정만 너무 발달해서 이성적 사고를 못해도 참다운 인간이 되지 못한다는 것이다.

아내와 불륜을 범한 남자를 벌하고 싶은 것은 인간적인 욕망이지만, 자신의 정체를 숨긴 채 간교한 수법으로 남의 '마음의 성역'을 침범한 칠링워스는 호손이 말하는 '용서받지 못할 죄(Unpardonable Sin)' 를 범한 것이다.

그러나 죄를 통해 승화된 헤스터가 선행과 자선을 통해 가슴의 A가 '천사(Angel)' 또는 '유능한(Able)'을 의미하도록 귀결짓는 호손이 우리에게 주는 메시지는 확실하다. 결국 호손이 제시하는 구원의 메시지는 그가 살았던 19세기보다는 머리만 점점 비대해지고 마음은 자꾸 작아지는 현대의 우리에게 더욱 필요한 건지도 모른다.

요즈음도 19세기 미국 문학 시간에 『주홍글씨』를 가르치며 "가장 악한 자는 남의 마음의 성역을 침범하는 자"라는 문구를 읽을 때마다 그때 명호의 슬픈 뒷모습이 떠오른다.

–『문학의 숲을 거닐다』(샘터, 2005)

연습

1. '마음의 성역'이 의미하는 것은 무엇인지, 그리고 '마음의 성역'을 침범하는 것이 왜 죄가 되는지 생각해 보자.

2. 나 자신이 명호가 되어, 사법고시에 합격한 후 펜팔 친구인 캐서린에게 마음을 전하는 내용의 편지를 써 보자.

To

사랑은 아이처럼 친구의 아픔에 울어 주는 것
-「노인과 바다」를 읽는 또 하나의 시각

최재선

헤밍웨이의 「노인과 바다」를 생각하면 가 보지 못한 쿠바의 한 도시 아바나의 뒷골목과 거친 카리브해와 멕시코만의 뜨거운 태양과 바다내음, 그 자연이 빚어낸 원색의 풍광이 떠오른다. 그 강렬한 자연의 원시성에 비하면 더없이 연약한 인간의 모습이, 삶의 허무와 존재의 외로움을 이기지 못해 방아쇠를 당기는 한 사내의 슬픈 뒷모습이 겹쳐져 온다. 헤밍웨이에게 노벨 문학상을 안겨 준 작품이자 왠지 그의 만년의 고독을 그대로 드러내는 듯한 소설, 「노인과 바다」.

단순하고 간결한 제목만큼 소설 속의 등장인물과 배경, 갈등 구조는 몹시 단조롭다. 그럼에도 불구하고 「노인과 바다」를 읽는 일은 쉽지 않다. 너무 많은 상념들과 이미지들이 바다에 출몰하는 고기떼처럼 마음을 흔들어 놓고 지나간다. 십 대 시절 의미도 모른 채 읽어야 했던 소설의 세계가 어느덧 아이보다는 노인과 가까운 나이가 되어 다시 읽어보니 그 여운이 며칠이 지나도 떠나지 않는다.

주인공 산티아고 노인은 어부다. 바다와 함께 살아온 세월만큼 투박하고 강인하며, 풍상에 단련된 단단한 육체를 지녔으나 어느덧 풀어헤쳐진 늙은 몸피를 지닌 노인이다. 가족도 없이 홀로 바닷가 마을에 산다. 그에게 유일한 친구가 있다면 어리디어린 어부 소년 마놀린이다. 산티아고와 함께 배를 타기도 했지만 40일이 넘도록 한 마리 고기도 잡지 못하자 운이 떠난 어부와는 함께 하지 말라고 강권하는 부모의 뜻에 따라 다른 배를 타야 하는 아이다. 자연과 더불어 삶을 배운 모든 아이들이 그러하듯 마놀린은 천성이 맑고 순수하다. 소년은 늙고 보잘것없는 산티아고를 찾아와 그의 필요를 채워준다. 물과 음식을 가져다주고, 고기잡이를 위한 작은 물고기도 구해 준다. 그물 깁는 일과 배를 띄우는 일도 도와주지 않았을까.

무엇보다 마놀린은 늘 산티아고 곁에 있어 주었다. 노인 곁에서 그의 무용담을 들어주고 그가 사랑했던 야구 얘기를 나누고, 노인의 고기 잡는 실력을 인정하고 칭찬해 주는 일이 얼마나 큰 사랑인지 아이는 몰랐을 것이다. 물론 빈집에 홀로 사는 그를 찾아가 그가 자고 깨는 것을 돌아보았던 것도 마놀린이었다. 그러니 망망대해에서 오랜만에 대어를 낚았을 때 산티아고가 가장 먼저 자랑하고 싶었던 대상이 마놀린이고 상어의 습격으로 사투를 벌이다 지치고 힘든 순간에 보고 싶은 얼굴이 그였으며, 잡았던 모든 것을 잃고 빈 오두막으로 돌아왔을 때 떠오른 얼굴이 마놀린이라는 것은 자연스러운 일이다. 노인은 아이에게 훌륭한 어부가 되는 법을 가르쳐주고 아이는 어른을 섬기는 법을 몸으로 배운다. 참으로 아름다운 연합이다.

"그 소년이 나를 살아있게 한다"는 산티아고의 독백은 다시 나를 돌아보게 한다. 진정으로 나를 살아있게 하는 존재, 나를 살고 싶게 하는 존재가 내게 있는가. 있다면 그는 누구인가. 절대 고독의 순간에 떠올릴 수 있는 한 사람. 그 존재 때문에 절망의 끝에서도 삶의 줄을 놓을 수 없게 하는 그런 존재. 나는 누군가에게 그런 사람이 되어준 적 있는가. 어쩐지 부모, 자식조차 그런 의미가 되지 못하는 우리네 무정한 현실이 더없이 안타깝게 여겨진다. "아무도 바다에서는 혼자가 아니다"라고 하며 자신이 잡은 청새치조차 형제로 여기고 연민하던 산티아고의 마음으로 곁을 둘러볼 일이다.

노인은 84일 동안 바다에서 한 마리 고기도 못 잡다가 85일째 거대한 청새치 한 마리를 만난다. 대자연 앞에선 인간의 한계를 보듯 노인의 몸으로는 너무도 힘든 대결의 과정을 거쳐 마침내 오 미터가 넘는 큰 물고기를 얻게 된다. 그러나 너무 커서 배에 싣지도 못하고 운반하는 도중 상어 떼의 습격을 받게 된다. 청새치를 지키기 위해 상어들과 벌이는 노인의 사투는 생명을 건 싸움처럼 치열하다. 노인에게 물고기의 몸은 이미 자신과 하나가 된 형제처럼 느껴지고 그의 몸이 찢겨짐은 자신의 육체가 당하는 고통처럼 아프다. "미안하다, 물고기야. 너무 멀리 나오지 말았어야 했는데……"라고 하는 노인의 회한은 인간 한계에 대한 인식이며, 대자연 앞에 선 인간의 겸허한 고백이다. 결국 앙상한 뼈만 매달고 빈손으로 돌아오는 슬픈 귀로.

그러나 늙은 어부 산티아고의 지친 뒷모습은 인간의 의지로 빛난다. 허기와 아픔, 바닷바람과 상어 떼에 시달렸지만 패배하지 않고 다시 일어설 수 있는 용기, 불굴의 의지로 자기 앞의 고통을 극복하고 다시 자신의 자리로 돌아올 수 있는 견인 정신을 산티아고 노인은 보여주고 있다.

"인간은 패배하도록 만들어진 존재가 아니며, 인간은 파멸될 수는 있어도 패배당하지 않는다"라고 하며 몰려드는 상어들과 죽을 때까지 싸울 것을 다짐하던 어부 산티아고. 어둔 밤 멀고 힘든 여정에서 돌아와 홀로 배를 정박하고 돛을 감아 어깨에 멘 채 몇 번이나 넘어졌다 다시 일어나 오두막에 이르는 산티아고의 모습은 어쩌면 십자가를 지고 골고다 언덕을 오르던 예수 그리스도처럼 절대의 고독과 대면한 헤밍웨이 자신의 고독한 자화상은 아니었을까.

다시 아침이 오고 소년은 여느 때처럼 노인의 오두막을 찾는다. 잠들어 있는 산티아고를 본 기쁨도 잠시, 소년은 노인의 두 손에 난 깊은 상처를 보고 눈물을 흘린다. 어부들이 나누는 놀라운 무용담도, 노인이 잡은 큰 고기의 잔해도 관심 밖이고 소년은 노인이 바다에서 겪었을 그 고통과 외로움을 알기라도 하듯 말없이 노인의 곁에서 울고 있다. 어서 노인의 상처가 낫기만을 바라면서.

현실에서 헤밍웨이는 얼마나 외로웠을까. 여러 번 결혼했던 기억과 가족의 존재, 생의 환희와 결실로도 치유할 수 없는 그 무엇이 죽음에 이르게 했을까. 사람을 살게 하는 '사랑'을 그가 진심으로 느낄 수 있었다면……. 소년 마놀린의 눈물이 내내 어른의 부끄러움을 돌아보게 한다. 진정으로 사랑한다면 아이처럼 울 일이다. 아픈 친구를 위하여.

-『기독교세계』(2013. 4.)

함께 읽을 책

허먼 멜빌, 『모비딕』(1851)

거대한 흰 고래 '모비딕'에게 한쪽 다리를 물어뜯긴 포경 선장 에이허브는 복수를 꿈꾸며 항해한다. 드디어 모비딕을 만나 사흘 동안 사투를 벌인다. 선장은 작살로 모비딕을 명중시켰으나 결국 고래에게 끌려 바다로 빠져들고 피쿼드호도 침몰한다. 소설은 배에서 살아남은 유일한 사람 이시멜의 이야기로 구성되었다. 바다에서 펼쳐지는 인간과 흰 고래의 싸움을 웅장하게 묘사하는 서사시적 문체뿐만 아니라 넓은 바다를 무대로 전개되는, 자연과 인간, 삶과 죽음, 영혼과 육체, 선과 악의 갈등 등을 포함하는 묵시적 상징으로 유명한 장편소설이다.

연습

1. 자신이 읽은 책 중에서 다른 사람에게 추천하고 싶은 책의 이름과, 그 이유를 써 보자.

2. 자신이 읽은 책 중에서 한 권을 택하여 독후감을 써 보자.

제목 :		
학과 :	학번 :	성명 :

추천도서목록(가나다 순 정렬)

구분	책 이름	필자명	출판사	발행 연도
사회비평	괴짜 경제학	스티븐 레빗	웅진지식하우스	2007
	그것이 옳은 일이니까요	박태식	비채	2016
	그들이 말하지 않은 23가지	장하준	부키	2010
	스무 살 정의를 말하다	고재석	미다스북스	2011
	왜 세계의 절반은 굶주리는가	장지글러	갈라파고스	2007
	육식의 종말	제레미 리프킨	시공사	2002
	총,균,쇠	재레드 다이아몬드	문학사상사	2007
	침묵의 봄	레이첼 카슨	에코리브르	2011
사회학	새빨간 거짓말, 통계	대럴 허프	더불어 책	2004
	생각의 지도	리처드 E. 니스벳	김영사	2004
	정의란 무엇인가	마이클 샌델	김영사	2010
	체게바라 평전	장 코르미에	실천문학사	2005
철학·사상	감시와 처벌	미셸 푸코	나남	2003
	부분과 전체	하이젠베르크	지식산업사	2004
	생각에 관한 생각	대니얼 카너먼	김영사	2012
	죽음이란 무엇인가	셜리 케이건	엘도라도출판사	2012
심리	불안	알랭드 보통	은행나무	2012
	스키너의 심리상자 열기	로렌 슬레이터	에코의서재	2005
	자존감 수업	윤홍균	심플라이프	2016
자기관리	20대 심리학	곽금주	랜덤하우스 코리아	2008
	굿바이 게으름	문요한	디닌출판사	2007

자기관리	당근과 채찍	이언 에어즈	리더스북	2011
	리딩으로 리드하라	이지성	문학동네	2010
	발터 벤야민의 공부법, -사소한 것들에 대한 사유	권용선	역사비평	2014
	생각버리기 연습 1~2	코이케 류노스케	21세기북스	2010, 2012
	스무 살에 알았더라면 좋았을 것들	티나 실리그	엘도라도	2010
	습관의 힘	찰스 두히그	갤리온	2012
	프레임	최인철	21세기북스	2007
	혼자 일하지 마라	키이스 페라지	랜덤하우스 코리아	2010
과학	(공학과의 새로운 만남) 교양 있는 엔지니어	새뮤얼 C. 플러먼	생각의나무	2007
	과학 콘서트	정재승	어크로스	2011
	과학혁명의 구조	토마스 S. 쿤	까치	2002
	생명이 있는 것은 다 아름답다	최재천	효형출판	2001
	엔트로피	제레미 리프킨	세종연구원	2007
	이중나선	제임스 왓슨	궁리	2006
	이기적 유전자	리처드 도킨슨	을유문화사	2010
	재미있는 나노과학기술 여행	강찬영 외	양문	2006
미술	그림 아는 만큼 보인다	손철주	오픈하우스	2011
언론학	미디어의 이해	마셜 맥루언	민음사	2002
	상상력에 엔진을 달아라	임헌우	나남	2007
역사	과학과 기술로 본 세계사 강의	제임스 E. 매클렐란 3세, 해럴드 도른	모티브북	2006
	국화와 칼	루스 베네딕트	을유문화사	2008

인문	감정수업	강신주	민음사	2013
	마음의 서재	정여울	천년의상상	2013
	문학과 예술의 사회사	아르놀트 하우저	창작과 비평사	1999
	사피엔스	유발 하라리	김영사	2015
	생활의 발견	임어당, 안동민	문예출판사	2012
	인생수업	법륜	휴(休)	2013
	읽는 인간	오에 겐자부로	위즈덤 하우스	2015
	조선의 여성들, 부자유한 시대에 너무나 비범했던	박무영 외	돌베개	2004
	하룻밤에 읽는 그리스 신화	이경덕	랜덤하우스 코리아	2001
	학문의 즐거움	히로나케 헤이스케	김영사	1992
	한국학, 그림을 그리다	고연희, 김동준, 정민 외	태학사	2013
소설	그리스인 조르바	니코스 카잔차키스	열린책들	2009
	꾸뻬 씨의 행복 여행	프랑수아 를로르	오래된미래	2004
	내 영혼이 따뜻했던 날들	포리스트 카터	아름드리미디어	2003
	데미안	헤르만 헤세	민음사	2002
	비행운	김애란	문학과 지성사	2012
	아Q정전	루쉰	창비	2006
	인간실격	다자이 오사무	민음사	2004
	정글만리 1~3	조정래	해냄	2013
	눈 먼 자들의 도시	주제 사라마구	해냄	2002 (개정판)
	파이 이야기	얀 마텔	작가정신	2004
에세이	고독의 권유	장석주	다산책방	2012

에세이	불편해도 괜찮아	김두식	창비	2010
	멈추면, 비로소 보이는 것들	혜민	쌤앤파커스	2012
	뭐라도 되겠지	김중혁	마음산책	2011
	사람은 사람을 부른다	공선옥, 김연수 외	바오로딸	2013
	어떻게 사랑할 것인가	장영희	예담	2012
시	가재미	문태준	문학과지성사	2006
	말들이 돌아오는 시간	나희덕	문학과지성사	2014
	사랑하라 한번도 상처받지 않은 것처럼	류시화	오래된미래	2005
	외로우니까 사람이다	정호승	열림원	1998
	파꽃	안도현	시인생각	2013

학과 : 학번 : 이름 :

제목 :

학과 : 학번 : 이름 :

제목 :

학과 : 학번 : 이름 :

제목 :

학과 :	학번 :	이름 :
제목 :		

학과 : 학번 : 이름 :

제목 :

학과 : 학번 : 이름 :

제목 :

학과 : 학번 : 이름 :

제목 :

학과 : 학번 : 이름 :

제목 :

학과 :　　　　　　학번 :　　　　　　이름 :

제목 :

학과 :	학번 :	이름 :
제목 :		

학과 : 학번 : 이름 :

제목 :

학과 :	학번 :	이름 :
제목 :		

학과 : 학번 : 이름 :

제목 :

학과 :	학번 :	이름 :
제목 :		

학과 :	학번 :	이름 :
제목 :		